文汇传记

清园师友录

王元化别传

罗银胜 著

文匯出版社

图书在版编目(CIP)数据

王元化别传：清园师友录／罗银胜著．—上海：文汇出版社，2017．4

ISBN 978－7－5496－1962－7

Ⅰ．①王…　Ⅱ．①罗…　Ⅲ．①王元化(1986～2008)—传记　Ⅳ．①K825．6

中国版本图书馆 CIP 数据核字(2017)第 000804 号

王元化别传：清园师友录

作　　者／罗银胜
责任编辑／鲍广丽
封面装帧／王　翔

出 版 人／桂国强

出版发行／文匯出版社
上海市威海路 755 号
（邮政编码 200041）
经　　销／全国新华书店
排　　版／南京展望文化发展有限公司
印刷装订／上海新文印刷厂
版　　次／2017 年 4 月第 1 版
印　　次／2017 年 4 月第 1 次印刷
开　　本／640×960　1/16
字　　数／195 千字
印　　张／13.5

ISBN 978－7－5496－1962－7
定　　价／48.00 元

目 录

前　言

罗银胜

王元化(1920—2008)先生是当代著名的思想家,他离开人世已经九年了。在我的印象当中,元化先生特别推崇“独立之思想、自由之精神”的原则,他的博大精深的学问,让人敬重,令人心折。

我在进行顾准研究时,曾经多次向元化先生请教。与他相处,听他一番话,真是如沐春风,受益匪浅。我的关于顾准的系列作品,如《顾准传》《顾准画传》《顾准的最后25年》《顾准:民主与“终极目的”》等作品,送给元化先生过目,都谬承元化先生夸奖,这是他对我的鼓励。

直到今天,我还清楚地记得,当元化先生拿到拙编《顾准:民主与“终极目的”》一书时,脸上露出欣喜的神色,眼睛闪着光亮。他对我说,你编的顾准这本书很好。

就我记忆所及,元化先生通常总能就某个话题,发表独特的见解,他是个“通人”,读书多、勤思考、交际广、信息灵……所有这些,促使先生成为能于我们这个时代的高处瞻望未来的思想家。每每坐在元化先生身旁,听他纵论天下、臧否人物、探究学问,那是一种何等惬意之事!他神采飞扬、舌粲莲花、妙语连珠,无不令人叹服。有时先生也关心我的学习与工作,并且善意地提醒我做学问的诀窍和学会观察社会、如何待人处世等。有的时候他还留我一起用餐,现在回想起来,感到特别温馨。

现在回想起来,每每在求教中,元化先生渊博的学识和清晰的思维令我难忘。我惊叹元化先生的超凡记忆而问其缘故,元化先生说,他的记忆力这么好可能得益于母亲,她没受过什么教育,但对一些元曲却能一字不错地背诵。他小时候经常听母亲给他讲述历史故事,所以即使在先生晚年,他对经历的人和事仍然记忆犹新……

元化先生一生著述宏富。20 多年来,元化先生的著作只要一出版,我便马上购读,加上元化先生的馈赠,我所收藏的几十本书,都承元化先生题签。元化先生对书法也很有研究,他曾书写条幅赠我,条幅写得笔法温厚、文质彬彬、形美义真:"不降志,不辱身,不趋赶时髦,也不回避危险。右录胡适语　书赠罗银胜同志。"洵为墨宝。

今年,为纪念元化先生逝世九周年,我在文汇出版社出版《王元化别传:清园师友录》一书。谈笑有鸿儒,往来无白丁。元化先生的朋友很多,他个人的地位与成就也决定了其朋友中不乏各个领域中的杰出人物,黄炎培、熊十力、韦卓民、郭绍虞、胡风、冯雪峰、巴金、周扬、林淡秋、孙冶方、钱锺书、彭柏山、顾准、钱谷融、黄宗英、张中晓、刘知侠……

这是一个特殊的群体。因其对自由、民主、科学的理解和热爱,对人民幸福、民族解放的共同追求,他们走到了一起,同声相应、同气相求,相濡以沫、互为引援……这是一个在人格上更有独立性、在学术上更有开创性、在政治上更有建设性的一个群体。虽然他们大多渐行渐远,但他们高尚的精神追求、政治选择、学术理想和人格风范,将彪炳千秋、与日同辉!

基于这样的想法,我在写作时,力争使本书成为元化先生数十年在学界的活动与交往情况的真实记录,同时也记录当代思想学术史、文化艺术史的不可或缺的一页。

战斗在《展望》

——王元化与黄炎培

黄炎培是中国近现代著名的爱国主义者和民主主义教育家，是我国近代职业教育的创始人和理论家。他以毕生精力奉献于中国的职业教育事业，为改革脱离社会生活和生产的传统教育，建设中国的职业教育，作出过重要贡献。

黄炎培，号楚南，字任之，笔名抱一。江苏川沙县（今属上海市）人。1917 年 5 月 6 日，联络教育界、实业界知名人士在上海发起中华职业教育社。次年，创建中华职业学校。此后数十年时间的教育和社会活动主要通过中华职业教育社来展开。1931 年"九一八"事变后，黄炎培积极投入抗日救亡运动，创办《救国通讯》，宣传爱国主义；组织上海市民维持会（后改为上海地方协会），支持淞沪抗战。1941 年，与张澜等人发起组织中国民主政治同盟，一度任主席。1945 年，又与胡厥文等人发起成立中国民主建国会。同年 7 月，应邀访问延安。后写成《延安归来》一书，如实介绍延安。

中华职业教育社在上海雁荡路的社址

王元化之认识黄炎培，是缘于黄炎培先生主办的《展望》杂志作编辑。

上海雁荡路复兴公园大门对面，坐落在南昌路路北，有一幢灰色楼房，新中国成立前它原是中华职教社的所在地。当时《展望》周刊的办公室就设在这幢大楼第二层的一间大房间内。从1948年初秋到1949年3月《展望》被国民党反动派查封，王元化受地下党的指派，在这里工作了半年有余。其间，与黄炎培先生结下了友谊。

这是一个严峻的时代。大局正在动荡，人们忍受着生活的煎熬和政治的压迫，令人窒息的紧张气氛笼罩着上海及国统区。王元化后来忆述道：

每逢我到这座大楼去的时候，需要高度集中自己的注意力，因为敌人知道《展望》就设在这里。我得时刻警惕着，提防特务盯梢。同时也多少怀着惴惴不安的心情，不知道敌人什么时候会采取突然袭击，对《展望》下毒手。我必须随时作好准备。那时一切进步报刊几乎都停了，《展望》是由上海地下党所掌握的唯一刊物。它奇迹般地得以支撑下来，主要是由于任之（黄炎培）先生的社会地位和声望。这刊物是他主办的，敌人不得不存有顾忌，自然这是有限度的。随着局势转紧，情况就会发生骤变。

那是1948年9月下旬，有一天，唐守愚代表上级党通知我：黄炎培要求党派个人去负责编辑《展望》，组织上决定派我担任这项工作。由于考虑到今后我的工作环境，组织决定和我单线联系。[①]

王元化受命到《展望》杂志工作前，这本刊物已出到第三卷。这是一个时事述评的综合性刊物，16开本，用6号字排，每期约4万字。内容设有固定的专栏、专论、通讯报道等。

这天正值上海初秋，天气还十分暖和。王元化走上中华职教社的二楼，在这里第一次见到了黄炎培。那时他已六十开外，五短身材，穿了一套中山装，身体健壮，精神矍铄。

当时，王元化对黄炎培用了王清园这个化名。他就直截了当地问道：

"王先生，你能不能把你的真姓名和地址告诉我？"

事前，唐守愚认为名字可以告诉黄炎培，以便在危急时可得到他的

---

① 王元化：《清园自述》，广西师范大学出版社2001年6月版，第184页。

黄炎培

通知。基于这样的考虑，王元化如实说了，但请他保密，同时也请求他在《展望》危险时立即通知本人。

当谈到编务时，黄炎培提出要王元化负责，并提出把每期刊头下的短论也交给王元化来写。

王元化则说还是请他本人撰写。短论实际上是代表《展望》立场和态度的社论性文章，过去是他以“同父”的笔名写的。和黄炎培关系密切的杨卫玉[①]，也以“媛”的笔名写过几篇（直到《展望》被查封前一期，由于他已不来社，王元化才以“万殊”的笔名写了最后一篇短论）。

两人经商议，王元化答应写《周末专栏》。这一专栏在此以前是由杨卫玉写的，更早是由李政文、宦乡等写的。专栏一开始就用的是“仲亨”的笔名，撰稿者虽然换了好几个，但仲亨笔名一直沿用下来。王元

---

① 杨卫玉（1888—1956），字鄂联。1949 年 7 月，被选为民主建国会出席新政协代表之一，前往北平。10 月，被任命为中央人民政府政务院轻工业部副部长。1954 年，当选为政协第二届全国委员会委员。1955 年，当选为中国民主建国会第一届中央委员会常务委员。1956 年 1 月 30 日，出席全国政协会议时，高血压病发，31 日仍坚持到轻工业部出席生产工作会议。不日，送进北京医院治疗，于 2 月 3 日晨 1 时 30 分逝世。

化从第三卷第三期起，在这一专栏由第一篇《飞虎将军张开了虎口》（评陈纳德声言将率其飞虎队空军“参加中国之剿共战争”），至被查封前一期《孙内阁垮了台》，共写了50篇。现在这些文字，经过精选，被收入《集外旧文钞》一书，王元化为此还写了“小引”云：

《展望》（原为《国讯》）周刊于抗战胜利后自川迁沪出版，1948年下半年，我参加《展望》工作的经过，请参阅本书所收《从〈展望〉到〈地下文萃〉》一文。这里选出我所撰写的《周末专栏》，仅为一小部分。这类文章属于时事评论，政治性强，和《夕拾》的通俗化文字不同，其中可供今天读者参阅的已经为数不多。所以这里仅选出12篇，作为当时生活的一点痕迹而已。①

至于黄炎培要王元化对编务负责问题，王元化则提出自己把每期稿子编好，仍请他审阅签字发排。他同意了。这也是事前王元化和唐守愚谈过，按他的意见执行的。

谈好编辑工作后，王元化由黄炎培介绍与杨卫玉先生见面。杨卫玉身材高大，也很健壮，年纪也有60岁以上了。那时，这二老全天到《展望》上班，几乎无一日缺勤。《展望》的经理部门由尚丁②负责。由于各有分工，王元化和尚丁接触很少。

那时，《展望》编辑只有两个人，一个是王元化，另一个是黄炎培派给他的助手李国全。小李是抗战胜利后由黄炎培带到上海的，当时只有19岁。他身材矮小，似乎尚未发育成熟，有一双机警的大眼睛，能干，老练，超出了他的年龄。小李大概有些猜测到王元化的来历。他把一切危险工作承揽下来，主动向王元化提出由他到容易引起敌人注意的信箱去取稿件和来信，跑印刷厂送稿发排，并由他一人校对全部校

① 王元化：《集外旧文钞》，上海文艺出版社2001年1月版，第36页。

② 尚丁（1921—2009），江苏丹阳人，出版人，毕业于上海民治新闻专科学校（1952年并入复旦大学新闻系）。1943年加入民盟，抗战胜利后任民盟华东区执行部委员、民盟上海市委支部（地下）组织部长，曾任黄炎培先生的秘书。新中国成立后，任民盟中央委员、民盟中央参议委员会常委、民盟上海市委常委、副主委。20世纪40年代初起从事编辑出版工作，担任过进步刊物《国讯》周刊、《宪政》月刊、《展望》周刊、上海《学术月刊》《辞书研究》等杂志编辑、编委、总编辑、主编；上海古籍出版社副社长兼总编辑，上海辞书学会会长。

尚　丁

样。他并不是党员，但由于他的智慧和环境的熏陶，他学会了一些地下工作的方法。那时印刷厂是最引敌人注意的地方，为此，他和排字工人交上了朋友。这些工人知道《展望》是个进步刊物，他们和他商量好对付敌特警宪的办法，一旦敌人来搜查，就让他装作学徒，大家来掩护他。他在编务方面分担了大量的繁杂事务，做了许多原本应该属于王元化分内的工作。例如编排划样就是由他承担的。此外，和投稿人通信联系，审读所有来稿，选出可用的交给王元化决定取舍，为不愿留下通讯处的作者保存稿酬（这样的作者很多，需要把他们的稿酬存入银行，以待将来发送），直到收集资料、剪贴报纸等都由他一人包下来。这便使王元化从繁杂事务中摆脱出来，可以腾出时间去做他想要做的工作。因此，王元化每周只要两个半天到《展望》去处理编务，包括他写的《周末专栏》都是利用这两个半天在编辑室内草就的。

王元化记得：

《展望》特点首在"一周展望专栏"，每期四篇，按期由固定撰稿人撰写。"一周政治展望"是陈虞孙以张绍贤笔名写的；"一周战局展望"是姚溱以波光笔名写的。经济方面和国际方面分别由钦本立（笔名柏苍）和石啸冲（笔名丁蕾）执笔。前两位作者是上海地下党负有一定责任的同志，可以直接传达党的声音，从而成为《展望》重点文章。在我接任《展望》编务后不久，姚溱被敌人逮捕了。当时唐守愚匆忙来找我通知此事，决定"一周战局展望"不能停，仍要用波光笔名继续发表，尽量保持姚文的原有风格笔调，以免敌人察觉，否则对姚和刊物都不利。这项任务由老唐本人来担当。所以当我去编《展望》时，"一周战局展望"除头一两篇，都是老唐写的。

《展望》另一类文章是时事述评的专论，撰稿人并不固定，作者多是民主人士和进步教授。在我任编务时期，漆琪生、孟宪承、王铁崖、周谷城、费孝通、施复亮、孙起孟、蔡尚思、陈仁炳、陈新桂、梁纯夫等都写过专论。此外，各地的通讯报道也是构成《展望》的一种特色，在不同地区从不同角度反映了全国的形势，颇为读者所关心。这方面撰稿人有知名的作者，如宦乡即以焦尾琴笔名寄来一些北平通讯。①

《展望》杂志是敌人统治下党直接掌握的公开刊物。当时敌人利用庞大的宣传机器，一方面造谣中伤，另一方面又进行新闻封锁。《展望》就用这一小小阵地面对敌人，作着孤军奋战的搏斗。敌人途穷日暮，政权摇摇欲坠，国民党负责宣传工作的头头潘公展，散布了大量谣言，诸如共产共妻、消灭商人、格杀被俘蒋军人员和虐待蒋政府公务员之类。这种蛊惑人心的宣传不一而足，在群众中制造了相当的混乱。对此，《展望》尽量发表了一些反映解放区和党的政策真相的文章。

如，王元化在《展望》上发表的文章，很有针对性，举写于1949年2月5日的《所谓"联防"》一文为例：

不久之前，我们曾听到各省出现的"地方主义"，有"大湖南"、"大河北"、"大四川"等。最近又从香港方面传出"三省"、"四省"、"五省"联防以及酝酿中的"南方联防"的消息。法国新闻社并且说："'南方联盟'运动，在财政上发生了问题，法国很可能予以帮助的。因为他们不想中共走到越南大门，把军人供给胡志明。而且欧美当局也会伸出援手。"倘传闻属实，那么这是封建集团和外国势力准备勾结在一起，企图把中国造成一个军阀割据的局面。推想起来，法国新闻社的消息，不会是毫无根据的。

奇怪的是：向来以"统一中国"自任的政府当局，为什么对此次的分裂阴谋竟缄口不言，未发一语？是睁一只眼闭一只眼假作不知么？我们不得不发出这样的疑问。

---

① 王元化：《集外旧文钞》，上海文艺出版社2001年1月版，第151—152页。

在当时的条件下,《展望》是不能直接宣传党的政策和刊登新华社电讯的,必须适应环境,遵守白区工作的合法斗争方法。因此,不得不采取迂回曲折的办法,利用英美等外国电讯和报章,甚至国民党的电讯报章透露出来的一点朦胧消息,以及它们之间互相矛盾的报道,借用当时的说法,就是从夹缝中做文章,把真相告诉读者。王元化回忆说:“记得当时最吸引我们注意的,是关于一些被解放军遣返回籍的被俘蒋军或由新解放区出境的商人和小公务员的谈话报道,其中自然有记者捏造的诬蔑不实之词,但也有一些稍经淘汰就可看出真相的报道。这是可以用来击破敌人造谣中伤的最好铁证,它们最有说服力。张绍贤、波光和一些通讯报道的作者,都善于抓住这类资料,写出揭穿敌人谎言的文章。经验告诉我们,无论什么时候,人民总是希望知道真相。真话和假话是区分一个政权的进步与反动,坚强与虚弱,兴旺与腐朽的分界线。至今我仍坚信这一真理。”

在回顾与黄炎培以及《展望》周刊的关系时,王元化强调:“这里还需要说明《展望》的另一性质,就是它发表的文章在观点上并不是清一色的。有一件事我记得很清楚。1949 年初,战火日渐逼近国民党京

20 世纪 30 年代初,中华职业教育社同仁和家属合影。前排右三朱少屏,二排左二杨卫玉,后排左一黄炎培,后排右二史量才

畿，国民党在宣传上发起了一场和平攻势。这一手起了一定的混淆视听作用，甚至连一些拥护共产党的进步人士也难免被其所惑。为此，《展望》在第三卷第三期上发表了同父的短论《一点原则》，同期还发表了'一周政治展望'专栏文章《南京的"和平"》。这两篇文章存在着明显的分歧，前者对国民党带有某些幻想，把和谈比作做买卖，告诫国民党放弃独裁，接受民主，把'窄窄地开了一条缝'的和平之门敞开来。后者却针对当时蒋介石发表的文告，揭穿蒋政权保持法统、保持军队作为先决条件的假谈真打的和平阴谋，暴露了蒋介石在文告中所谓'今日时局为和为战，人民为祸为福，其关键不在政府'这种假借和平把内战责任嫁祸共产党的居心。这期《展望》出刊后，编辑部收到许多读者来信，对同父的短论提出质询和异议。我把这些信拿给黄炎培看，他一一细读。我向他提出，在下一期'信箱'中，要选刊几封来信，他同意了（后来就以诸家名义发表了《是真的"和平"吗?》几篇来稿）。他能够这样做是不容易的。"

王元化在《展望》工作期间，和黄炎培是融洽的。黄炎培和王元化的夫人张可的伯祖张一麐是知交，又是亲戚。但是始终未向他谈及此事，新中国成立后也一直未再与他见面和通信。但黄炎培当时对王元化这样一个青年是信任的。

黄炎培经常告诉王元化一些重要消息。张治中在去北平和谈前来上海找过他。他把谈话内容和他的个人分析详细地告诉了王元化。一直以来，王元化对他的工作认真和生活朴素是佩服的。在王元化的印象当中，即使在寒冬腊月，黄炎培总是穿一身中山装，而自己穿着厚大衣。黄炎培冻僵了，就从写字台边的座位上站起身，在室内走几步，搓搓手，活动一下，就又坐下去继续办公。但他们之间也发生过一次争执。王元化到《展望》不久，敌人要查封这个刊物的消息时时传来，风声鹤唳，传说纷纭。

有一天，王元化挟着一包稿件走上那幢灰色大楼的办公室，发现偌大的一间房子突然变得空荡荡的。小李神色紧张地跑到他面前说，外边风声很紧，黄任老他们都避开了，要他赶快出去。这次查封《展望》的传闻并未变成事实，不久，黄炎培和其他的人又回到《展望》办公。王元化去上班后，就按照组织指示，向他提出召开编辑会议，并在会上提出他不事先通知自己的质询。

黄炎培在会上说:“你是主编。”意思王元化应承担一切责任。这使王元化有些意外,立即反驳他说:“我一来就和任之先生商定,我负责编务。任老你应在政治方面负全责。你知道这方面我无能为力,你是完全有办法去应付的,怎么事到临头又变卦了?”黄炎培听了,不再做声。组织上还要王元化就薪金问题(一月只有数美元,不足十日之粮)提出意见。由于是关系个人的事,王元化就没有向他提出。王元化自己认为:“这是我和他之间唯一一次的不愉快。”

上海局势日渐恶化,敌人的镇压越来越疯狂。红色的捕人汽车“飞行堡垒”尖鸣着在街上飞驰,到处捉人。王元化接到组织上的指示,除非敌人查封,《展望》决不自动停刊,要坚持到底。王元化把这一指示作为个人意见向黄炎培提出,他同意了。

然而由于环境险恶,王元化不再到《展望》上班,只和小李每周在事先约定的不同地点见面,把自己写的和组织上关照的稿子交给他。这样一直坚持到1949年3月18日三卷十八期出版为止。那时黄炎培和《展望》的部分人员也早已不去社办公,只留下少数几个人。据说后来有三名国民党宪兵来社查封,由于没发现搜觅的对象,所以没有捕人。

在鲁迅精神的感召下

——王元化与鲁迅及其家人

王元化先生生于1920年，从小就受到“五四”思潮的洗礼，他从青少年时代起就喜爱鲁迅。早年在鲁迅精神的感召下，在抗日烈火纷飞的年代里参加革命，从事文艺工作。

鲁　迅

1937年7月7日，爆发“卢沟桥事变”。8月8日，日军开进北平。驻城国军要撤走了，北平一片混乱，到处是准备逃难的人群，王元化先生全家也夹杂在其中。听说日军要抓知识分子，书籍和钢笔只得扔下，可是他实在不舍得那一幅自己画的鲁迅像和两册《海上述林》，就瞒着家人塞入箱里……

抗战时，上海有份抗日救亡的杂志叫《妇女界》。1939年，受地下党委派，王元化去帮助杂志做编排方面的指导工作，许广平是这份杂志的主要负责人。那时，王元化对鲁迅是非常敬佩的，总希望从许广平那里听到鲁迅的故事，然而他从许广平那里得到更多的是：鲁迅也是普通人，不要神化鲁迅。

1942年，王元化在储能中学教国文，周建人在那里教生物。这是一所弄堂学校，小小的天井中摆了两张桌子，课间十分钟学生们纷纷来这里打乒乓。王元化边走边和熟人打招呼，他和楼适夷、周建人、段力佩、郑效询、娄立斋、满涛等都是因冯宾符的介绍来这里教书的。储能中学原是宁波效实中学的上海分校，本来就有严谨、民主的学风，这些新老师大多是党员、进步人士，他们的到来无疑给学校注入了新的活力。

上课了，王元化走上讲台，拿出自编的讲义。学生们静静地等待着，不知道老师今天是导读中国古代民族抗争的篇章，还是剖析论当前形势的杂文，或者是游览世界文学的殿堂？王元化环视学生，能够理解在思想受严格控制、色情文化泛滥的日伪时期，他们的眼里有多少求知求真求善美的渴望，之所以自编讲义，选入像王秀楚《扬州十日》、文天祥《指南录》以及一些外国文学家如雨果、果戈里、陀思妥耶夫斯基、契诃夫等人的大作，就是希望在这茫茫暗夜中点起一盏心灵之灯，启发这些懵懂孩子的慧心、悟性与爱国的热情。他翻开书："今天我们一起分析鲁迅的《聪明人 · 傻子和奴才》……"

在学生们的琅琅读书声与热烈讨论中，王元化不由想起了自己中学时在阎润之先生指导下第一次读鲁迅作品《故乡》时的心情。鲁迅针砭时弊的现实主义风格和他对国民哀怒交织的深沉感情使他崇仰不已，从此再没丢开。王元化 1936 年患眼疾时阅读了大量鲁迅作品，1937 年逃难时冒着危险带上了鲁迅画像，1939 年在"新中国文艺丛刊"第三辑《鲁迅纪念特辑》上发表长篇论文《鲁迅与尼采》。丛刊编者戴平万在编后记中介绍："《鲁迅与尼采》的作者，还是一位 20 岁左右的青年。他以这样的年龄，而能有这么严正的精神来治学，真是可敬。虽然在这篇论文中，对尼采的个性解放，在某一阶段的革命性，估计尚不充分，多少有点机械味儿，但对于鲁迅先生的思想分析，却非常正确。"

1939 年，王元化在"新中国文艺丛刊"上以"洛蚀文"的笔名发表的长篇论文《鲁迅与尼采》

现在，因着这形势，尽管感到正确把握并阐释鲁迅杂文多少存在困难，王元化还是决定把这作为教学生辨别大是大非的首选材料，他要让学生们认清生活中有着怎么样的“聪明人”“奴才”，还有“傻子”……40年后，在储能中学校友会所编的《青春无愧》中当年的学生曹玫玖回忆道：“这一堂课大大激发起同学们的爱国热情和求知欲望，课后，我们对鲁迅的作品和革命理论书籍发生了浓厚兴趣。”

时光流逝。1982年的时候，鲁迅长孙周令飞去台湾跟一个女孩结婚，台湾的报纸将之宣传为“鲁迅的后代投奔台湾”。有人向周海婴施加压力，要求他脱离父子关系。1999年，周海婴为上海将召开鲁迅纪念会事打电话给王元化，说外地有些纪念鲁迅的会议组织者不让周令飞在会议上发言，请王元化向有关领导反映一下。市里答复上海市不会这么做。有关领导还招待周海婴、周令飞父子吃了一顿饭。

周海婴

周海婴为鲁迅版税继承权打官司，也得到了王元化的支持。诉讼起源是这样的：周海婴到了日本，看到内山完造遗孀生活非常困难，回来后向出版社建议，将鲁迅著作的日译本版税拨出一部分资助她的生活，但出版社置之不理，连日译本的样书也不给他一本，他觉得自己的权益没有得到尊重。

王元化公开说：“如果我们承认他也是一个公民，也有合法权利，那就应该依法办事。”

后来也是在王元化的帮助下，“鲁迅原葬地”石碑得以在现在的宋园、当年的万国公墓立碑。

令周海婴怀有感激之心的，还有对他写的《鲁迅与我七十年》所作的序以及所谓孤证的求证。

周海婴的《再说几句》一文中写道：“1957年，毛主席曾到上海小住，听说惯例请几位老乡聊聊，据说有周谷城、罗稷南。大家都知道此时正值‘反右’，谈话内容必然涉及对文化人士在运动中处境的估计。罗稷南老先生抽个空隙，向毛主席提出了一个大胆的设想疑问：如果鲁迅今天还活着，他可能会怎样？这是一个悬浮在半空中的大胆的假设题，具有潜在的威胁性。其他文化界朋友若有同感，绝不会如此冒昧，生性直率的罗先生却讲了出来。毛主席对这个问题十分认真，回答说：'以我的估计，鲁迅要么关在牢里还要写，要么识大体不做声。'"

周海婴著《鲁迅与我七十年》书影

"毛、罗对话"是周海婴从罗稷南的侄子那里听到的。由于这段对话属于"孤证"，又事关重大，在写作《鲁迅与我七十年》的时候，周海婴写好了又抽掉。

2001年7月，周海婴拜访王元化时提及此事："元化先生告诉我，应当披露这件史实，此事的公开不至于对两位伟人产生什么影响，况且元化先生告诉我，他也听说过此事，是他的肯定使我下决心写出这段孤证史实。"

周海婴的《鲁迅与我七十年》出版以后反响很大，尤其书中毛、罗关于鲁迅活着命运的对话，引起各种解读甚至批评，因为其"孤证"使周海婴面临极大的压力。

曾被打成"胡风集团分子"的王元化对周海婴的回忆录评价甚高："许广平解放后也出版过回忆录，当时环境不允许把什么都讲出来，比如解放后被打倒的胡风、萧军等，许广平在书中就不能不尽量避开。海婴写回忆录是在90年代，顾虑少，真实性强，书中有不少地方显示了海婴敢讲真话的勇气，不为尊者讳，也不为亲者讳。把很多事情都写了出来。"

后来著名演员、作家黄宗英也提供了佐证。她以毛、罗对话现场证人身份发表文章记录那次对话，那段谈话藏在黄宗英心里45年："如果我写出自己听到的这段对话，将与海婴所说的分量不同，因为我在现

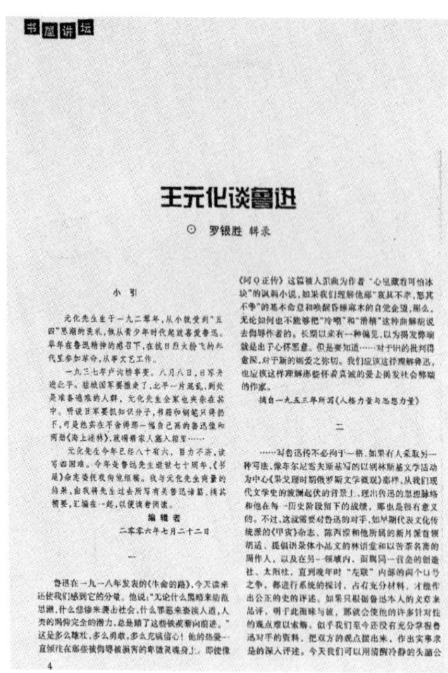

书屋讲坛

王元化谈鲁迅

⊙ 罗银胜 辑录

小　引

元化先生生于一九二零年，从小就受到"五四"思潮的洗礼，他从青少年时代起就喜爱鲁迅。早年在鲁迅精神的感召下，在抗日烈火纷飞的年代里参加革命，从事文艺工作。

一九三七年卢沟桥事变。八月八日，日军开进北平。驻城国军要撤走了，北平一片混乱，到处是准备逃难的人群。元化先生全家也夹杂在其中。听说日军要抓知识分子，书籍和钢笔只得扔下，可是他实在不舍得那一幅自己画的鲁迅像和两册《海上述林》，就瞒着家人塞入箱里……

元化先生今年已经八十有六，目力不济，读写都困难。今年是鲁迅先生逝世七十周年，《书屋》杂志委托我向他组稿。我与元化先生商量的结果，由我将先生过去所写有关鲁迅诸篇，摘其精要，汇编在一起，以便读者阅读。

编辑者

二零零六年七月二十二日

一

鲁迅在一九一八年发表的《生命的路》，今天读来还使我们感到它的分量。他说："无论什么黑暗来防范思潮，什么悲惨来袭击社会，什么罪恶来亵渎人道，人类的渴仰完全的潜力，总是踏了这些铁蒺藜向前进。"这是多么雄壮，多么勇敢，多么充满信心！他的热爱一直倾注在那些被侮辱被损害的卑微灵魂身上。即使像《阿Q正传》这篇被人曲解为作者"心里藏着可怕冰块"的讽刺小说，如果我们理解他那"哀其不幸，怒其不争"的基本命意和唤醒昏睡麻木的自觉企望，那么，无论如何也不能够把"冷嘲"和"滑稽"这种曲解胡说去侮辱作者的。长期以来有一种偏见，以为揭发弊端就是出于心怀恶意。但是要知道……对于旧的批判得愈深，对于新的烱爱之弥切。我们应该这样理解鲁迅，也应该这样理解那些怀着真诚的爱去揭发社会弊端的作家。

摘自一九五三年所写《人格力量与思想力量》

二

……写鲁迅传不必拘于一格，如果有人采取另一种写法，像车尔尼雪夫斯基写的以别林斯基文学活动为中心《果戈理时期俄罗斯文学概观》那样，从我们现代文学史的波澜起伏的背景上，理出鲁迅的思想脉络和他在每一历史阶段留下的战绩，那也是很有意义的。不过，这就需要对鲁迅的对手，如早期代表文化传统派的《甲寅》杂志、陈西滢和他所属的新月派首领胡适、提倡语录体小品文的林语堂和以苦茶名斋的周作人，以及在另一领域内、面临同一营垒的创造社、太阳社，直到晚年时"左联"内部的两个口号之争，都进行系统的探讨，占有充分材料，才能作出公正的史的评述。如果只根据鲁迅本人的文章来品评，明于此而昧于彼，那就会使他的许多针对性的观点难以索解。似乎我们至今还没有充分掌握鲁迅对手的资料，把双方的观点摆出来，作出实事求是的深入评述。今天我们可以用清醒冷静的头脑公

4

《书屋》杂志 2006 年第 9 期《王元化谈鲁迅》一文片断

场；但是，如果没有第二个人说他也当场听到，那我岂非成了孤证？若有人提出异议，我又拿不出任何旁证。"

黄宗英疑虑重重地请教律师，律师回答说："正因为当时在场的人如今大概多已不在人世了，你就更有责任写出来，留下来。"

黄宗英写出了她记忆中的毛、罗谈话（刊于 2002 年 12 月 5 日《南方周末》），现场见证者还有演员赵丹。她还找到摄于当时 1957 年 7 月 11 日的照片和《解放日报》1957 年 7 月 9 日刊载的新华社通稿及会场全景照片，赵丹和黄宗英坐在毛泽东身后，照片右角背影是罗稷南。

学者丁东对此评述说："毛、罗关于鲁迅命运的对话实际上意义很大，看起来只是一件具体的事情，但是毛泽东对鲁迅命运的态度实际上显示出执政党和知识分子的关系，毛泽东能不能容忍鲁迅，也就是能不能容忍知识分子的独立性和批判性。是王元化给了周海婴解密这段历史事实的信心。"

2006 年，我受托为元化先生选编了《王元化谈鲁迅》，刊登在《书屋》杂志上。2006 年第九期的《书屋絮语》介绍说："本期开篇《王元化谈鲁迅》，是为纪念鲁迅先生逝世 70 周年的扛鼎之作。元化先生年迈多病，此文只是以前文章的辑录，但其思想深度和文字功底，真是老而弥坚。"

我在《小引》中写道："元化先生今年已经八十有六，目力不济，读写都困难。今年是鲁迅先生逝世七十周年，《书屋》杂志委托我向他组稿。我与元化先生商量的结果，由我将先生过去所写有关鲁迅诸篇，摘其精要，汇编在一起，以便读者阅读。"

其中有一篇《阴鸷反噬之术》，元化先生在此指出，鲁迅写的《论辩的魂灵》《牺牲谟》《评心雕龙》等杂文中所勾画出来的强词夺理的诡辩，十分深刻地揭露了一直在我们社会中流传不绝的阴鸷反噬之术。试举第一篇的一则为例："你说甲生疮。甲是中国人，你就是说中国人生疮了。既然中国人生疮，你是中国人，就是你也生疮了。你既然也生疮，你就和甲一样。而你只说甲生疮，则竟无自知之明，你的话还有什么价值？倘你没有生疮，是说诳也。卖国贼是说诳的，所以你是卖国贼。我骂卖国贼，所以我是爱国者。爱国者的话是最有价值的，所以我的话是不错的，我的话既然不错，你就是卖国贼无疑了！"我们是多么熟悉这种诡辩术。如果有人采用综合研究法，从逻辑学和文化心理学角度加以剖析，揭示这种诡辩怎样玩弄权诈，乃是很有意义的。可是这项工作，鲁迅研究者没有去做。为什么竟遗漏了比马克·吐温《竞选州长》所揭露的造谣报纸更可畏、更毒辣如上述"鬼画符"之类的丰富材料呢？似乎没有人去探讨鲁迅著作中这方面极有价值的材料……

由《书屋》杂志刊出的《王元化谈鲁迅》共16则，一万多字，后来成为元化先生生前出版的《人物小记》①一书中的《鲁迅小集》的蓝本。

元化先生非常喜欢鲁迅的警句，他在2004年抄写鲁迅语录："无论什么黑暗来防范思想，什么悲惨来袭击社会，什么罪恶来亵渎人道，人类渴仰完全的潜力，总是踏了这些铁蒺藜向前进。"他把它写成条幅送给友人。

鲁迅之子周海婴最后一次见王元化是2008年4月，其时，王元化已盘桓病榻多时，那一次是他们的永诀。

---

① 王元化：《人物小记》，东方出版中心2008年1月版。

中国文化精神的守护者

——王元化与熊十力

20 世纪初叶的中国，有一批杰出的思想家，他们是中华文化的守护者和发扬人，熊十力就是其中的代表之一。他以对中国哲学的新理解、以对中国文化真精神的新发掘而使中国文化获得新生命，以东方哲学之精华而对应、会通西学东渐的文化趋势，以对中国文化的创造性阐发而保卫中国文化精神。在 20 世纪初叶中西文化汇流过程中，熊十力有着不可磨灭的贡献。

熊十力

关于熊十力，有许多传说。以佛和菩萨自居的熊十力，到北大教书的时候却碰到了对手。对手名叫冯文炳，是个文学家，大家知道的是他的笔名废名，写诗和小说都很有名。废名先生跟熊十力是邻居，忽然对佛学来了兴趣，有事没事，就跟熊十力讨论佛的问题。废名说，我代表佛，你反对我就是反对佛。熊十力说，我就是佛，你才是反对佛！争来争去，到最后没有了声音，原来双方扭打在一起了。争毕打完，明儿两人还在一起讨论，再争再打。与熊十力吵架的学者，当然不止废名一个。熊十力跟马一浮吵，跟蒙文通吵，跟梁漱溟也吵。

人称熊十力高傲狂狷，目中无人，性格乖僻。王元化却不以为然，他揭示出熊十力平易、善良的一面，以此发现熊十力的完整人格。述及熊十力，王元化表现出的不可多得的冷静、客观，很让人钦佩。

熊十力早年参加辛亥革命，后由革命转入佛学。投师欧阳竟无。蔡元培请他在北大教了几年佛学，忽又毁稿重撰《新唯识论》，以儒家读书不可贪多求快而须沈潜往复从容含玩否则必难悟入学人所以少深造者正由于读书喜为涉猎不务精探之故每读一次于所未详必谨录疑而无放失知疑者其疑问常在心故得触处求解若所不知即便放失则终其身为盲人矣

右录十力语要书贻

癸未中秋清园王元化

王元化先生书录熊十力《十力语要》手迹

大易精神融化佛理，自创新说。成为20世纪重建传统哲学的开山人物。1949年后，学术界几乎将他忘掉或有意冷落了。

20世纪60年代，熊十力寓居上海。华中师范学院教授韦卓民与熊十力素识，当知道王元化有意向熊十力问学时，即为他写了一封介绍信，但仍嘱告他说：“近年来，十力先生谢客来访，他脾气古怪，不知见不见得。”

1962年秋，王元化手持韦卓民先生的介绍信，前往淮海中路二〇

20世纪60年代，王元化摄于皋兰路寓所，时与熊十力、韦卓民、郭绍虞等先生有过从

六八号拜见熊十力先生，其时，他颇为惴惴不安。他早听说过熊十力先生性格狂放，意气自雄，在自己著作上署名“黄岗熊十力造”，也曾自称“熊十力菩萨”，为人治学往往意气风发，情不自禁，如此种种，是一个放达不拘的古怪人物：

当我走上公寓西侧一座黄色小楼，在十力先生门上看到贴着一张信笺，纸已褪色，字墨尚浓。大意说：本人年老体衰，身体不好，请勿来访。其中说到自己的身体情况十分具体，记得有面赤、气亏、虚火上延之类的话。我怀着惴惴不安的心情敲了几下门，开门的是一位六十上下的人。这就是当时正为十力先生誊写《乾坤衍》的丰先生。他把我延至客厅，即持介绍信入里间。等候了二三分钟，十力先生从隔壁走来。他的身材瘦弱，精神矍铄，双目奕奕有神，留有胡须，已全白，未蓄发，平顶头，穿的是老式裤褂。我表示了仰慕之意，他询问我在何处工作，读什么书等等。这天他的心情很好。他的态度柔和，言谈也极儒雅，声调甚至近于细弱。当时我几乎与人断绝往来，我的处境使我变得很孤独。我觉得他具有理解别人的力量，他的眼光似乎默默地含有对被侮辱、被损害者的同情，这使我一见到他就从自己内心深处产生了一种亲和力。这种感觉似乎来得突兀，但我相信它。在我们往来的近三年内，我从未谈过自己的遭遇，他也从未询问过。直到他去世十多年后，我才从他的哲嗣世菩夫妇那里得悉，十力先生对我的坎坷经历和当时的处境十分清楚，并且曾为之唏嘘。我是从我个人接触来谈自己的感受，我并不想以此推翻别人的另一种说法，如说他性格怪僻，脾气不好等等。平心生前就向我提到一些事，我想他说的是事实。十力先生自己也向我讲过他在四川复性书院讲学时和马一浮发生的一次争吵，尽管他们是相契的朋友，马一浮还曾以蠲叟别号为他所撰的《佛家名相通释》署签，为《新唯识论》写序。十力先生师友弟子多称他性格狂放，意气自雄，认为他具有一种慑服人的气概。他在自己著作上署名黄冈熊十力造，颇引起一些议论，因为在印度只有被尊为菩萨的人才可以用这说法。据传他也曾经自称熊十力菩萨。他在论学时往往意气风发，情不自禁。有一次他与张东荪论学，谈得兴起，一掌拍在张的肩上，张逡巡后退。诸如此类传说，不一而足，使他在人心目中成为一个放达不拘的古怪人物。但他也有亲切柔和、平易近人的一面，大概由于太平凡吧，很少为人述及。我以为不揭示这方面，就难以显示他的完整人格。①

当时正碰到“三年困难时期”的艰苦岁月，食物短缺。熊十力因为身体衰弱，长期患病，孤寂感日甚。他常言，“病日杂”，“年日衰”，“记忆力减”，“文辞窘竭”。幸有王元化以及周予同两位先生与他交往，使老人颇觉欣慰。② 他仍然凌晨一两点起床，撰述不辍。

熊十力与王元化，都是湖北同乡。熊十力是湖北黄岗人，早年埋首于著作佛学，后潜心于儒家。而20世纪60年代初，王元化拜访熊十力请教佛学，是为了研究刘勰的《文心雕龙》。

初次见面，给王元化留下的印象非常之好，出乎意料。熊十力以理解别人的亲和力，使王元化的全部不安都消失了。

此后，王元化得熊十力先生允诺，几乎每周走访一次。有一次，王元化去拜访他，他正在沐浴。王元化坐在外间，可他要王元化进去，自己就赤身坐在澡盆里与王元化谈话。

王元化接触到的是亲切柔和、平易近人的熊十力。1979年，王元化平反，得知熊十力先生去世的消息，首先想起的不是熊十力先生对他的学问上的指导，而是他那双初见时仿佛在默默给予安慰的眼睛，以及那突然生起了亲切感的一幕情景。

在三年的交往中，熊十力向王元化倾诉了自己治佛学的艰难和苦楚——“吾尝求此于人，杳然无遇，慨此甘露，知饮者希，孤怀寂寥，谁与为论?”及治佛的态度:“一方面应切忌简单的一笔抹杀，单是斥责它的迷信虚妄蠹国殃民，从而把历史上出现的这一有着深远影响的学说或思潮，看成一无所是全盘错误的陈迹。另一方面也应切忌简单化的生吞活剥，没有切实理会其来历，便望文生解，逞臆妄说，只是在行文中徒有其表地点缀着一些新名词、新术语，而对于探究佛书的真面目却毫

① 王元化:《再记熊十力》，见氏著《人物·书话·纪事》，人民文学出版社2006年1月版，第15—16页。

② 万承厚:《〈存斋随笔〉跋》，见熊十力《存斋随笔》，上海远东出版社1994年12月版，第218页。

无裨益。”熊十力晚年专注于儒学，坚持以“出世态度做入世学问”。熊十力学术上一贯的严谨、独立不啻对身陷囹圄中的王元化是种动力，为稳定中国学术界的正常秩序也起到积极作用。

在两人的交往过程中，熊十力曾经送给王元化一部《佛家名相通释》。这部书王元化一直保留着。在王元化的记忆中，他向熊十力问学的情景十分清楚：“我认识十力先生在 60 年代初。他自称，他在晚年已由佛入儒，对于阳明、船山二王之学最为服膺。那时他的身体已很虚弱，在写给我的一首诗中曾说到自己‘衰来停著述，只此不无憾一’。其实当时他并未停止写作。我每次去看他，都在他的书桌上见到一叠叠经过大量涂抹删改的稿纸：这就是后来由中国科学院影印出版的《乾坤衍》。在我认识他以前，我还在新华书店科技门市部见到正在发售他的另一部著作《原儒》。这两部书都是研究儒学的。他的佛学著作是早年写的，解放后似乎并未重印过。大概追悼会的悼词就是根据这一情况才对他的儒学作了评价，而对他的佛学却未置一词。可是，依我的浅见，在十力先生毕生的学术研究中，佛学亦应占一重要地位。他可以算得上是‘五四’后老一代佛学专家中屈指可数的几位代表人物之一。他和汤用彤先生交谊颇厚，两人都以佛学名家。汤著《汉魏两晋南北朝佛教史》曾引十力先生就鸠摩罗什赠慧远谒语所作的诠释。我不知道此文见于十力先生何书，曾请问过他。据他说，这段文字不是引自他的著作，而是应汤先生所请托，为汤先生所写的。从这件事来看，可见汤先生对他的佛学造诣是很器重的。”①

熊十力先生送给王元化的《佛家名相通释》这本书，于 1937 年初由北京大学刊印发行。从书名我们就可以知道这是一部类似佛学辞典的著作。熊十力在序言中说明是应几位学生的建议，要他撰述一部疏释名相、提纲挈领的佛学入门书，以便使“玄关有钥，而智炬增明”。熊十力先生宗主唯识，在治学上力求成一家之言，著有《新唯识论》《破〈破新唯识论〉》等。这两部书为了创新，往往不免对佛家经论的原来面目涂上一层主观色彩，曾引起一些非议。

---

① 王元化：《记熊十力先生——〈佛家名相通释〉跋》，见熊十力《佛家名相通释》，中国大百科全书出版社 1985 年 7 月版，第 215 页。

北大出版的《佛家名相通释》，有上、下两册。王元化发现，书虽已陈旧，上面还有熊十力用笔写的“仲光读本”四字。书中有两处眉批，大概是他准备增订的地方。现抄录如下：

熊十力先生送给王元化的著作《佛家名相通释》

上卷六十四页反面“无为法”，引《大智度论》，上有墨批：“无为相者，无相之相，此实无形无象，虽现为有为，而不可谓无为之相，即是有为。譬如水成冰，冰柜坚固，不可说水相即是冰。”

上卷七十六页“四谛”条，释“集谛”义原注“三界”一段文字，末句“一切烦恼及业，能为感苦之国，故说名集”。以朱笔加重点线，并于上端来批：“感括一切苦果。”

熊十力书中另有一笺，墨笔书写，大概是作为以后改订之用：

第八行，至第九行。“法相是无着学，唯识是世亲学”二句，今改云：法相广博，盖自无着开基。（法相学，广分别一切法，平列而谈，无着是其开宗大哲也。其根本大典曰瑜伽师地论，亦称大论。）唯识谨严，独幸世亲克荷。（世亲初治小乘学，后承其兄无着之教，舍小入大，著百法，成唯等论，以一切法摄归唯识。法相之学，至是而系统谨严，是克担荷无着之业也。宜黄欧阳大师，以法相、唯识分为二宗，余未敢从，说见《新唯识论》附录。）[1]

① 均见王元化：《再记熊十力》，载氏著《人物 · 书话 · 纪事》，人民文学出版社 2006 年 1 月版，第 17—18 页。

王元化认为，读了《佛家名相通释》，使自己深受教益。他对熊十力近于魏晋风骨、清新洒脱、机应自然的文字风格尤为服膺，书中警句至今尚可背诵。王元化曾经向熊十力谈到自己的读后心得，认为书中所揭示的分析与综合、踏实与凌空四者兼顾而不可偏废，诚为读书要诠。

在两人无拘无束的交谈中，王元化向熊十力背诵了书中的话："吾尝求此于人，杳然无遇，慨此甘露，知饮者希，孤怀寥寂，谁与为论？"

熊十力听王元化说着，不禁颔首微笑，表示了他的高兴。他还向王元化讲述他治佛学的艰苦，面对浩如烟海的内典，茫然无措。曾有一个时期，他埋头在明人的疏记中，废寝忘食，而所获甚微。

在王元化看来，熊十力说这些话无非鼓励自己勤奋好学。

这部《佛家名相通释》给王元化的印象很深，经过"文革"的浩劫，王元化竟然还保留着这本书，真是奇缘。1979 年王元化提笔写下了他读《撰述大意》的"体会"：

这篇《撰述大意》曾批评了坊间作为初学津梁的《唯识开蒙》《法相纲要》之类的著作。他认为这类著作只是粗列若干条目，杂取经论疏记的陈言，割裂其词，分缀单条，读者纵然反复览观，终无一径可通。而作者撰《佛家名相通释》却着重于阐发佛学的体系，探究其间的有机关联。所谓"名相为经，众义为纬，纯本哲学之观点，力避空想之浮词"。其特点在于把分析与综合统一起来，"必于千条万绪中综合，而寻其统系，得其通理"。这种编纂辞书的方法是很有见地的。作者这部《通释》颇近似今天的百科全书或大事典，既易于寻检，具有工具书的便利，使读者可以迅速查考某一名词的简要解说，同时又可作为读者对佛学研究的入门向导，兼有教科书的作用。《通释》在分释各名相条目时，从佛学的整体性与连贯性出发，殚其统系，明其脉络。这样，就可以使读者对这一学科得到完整的系统的初步知识。此外，书中还在适当处列举了有关书目，予以钩玄提要的说明，写来似乎漫不经心，实际上却有助于引发读者作更深入研究的兴趣。如果把《通释》作为一般辞书看待，我觉得上述这种编纂方法是很值得注意的……

《撰述大意》还有一段文字谈到研究佛学的意义，也值得重视。作者提出“今日治哲学者，于中国、印度、西洋三方面必不可偏废”。作者认为“佛家之于内心之照察，与人生之体验，宇宙之解析，真理之照会，皆有其独到处二，即其注重逻辑之精神，于中土所偏，尤堪匡救”。这段话也许说得过火了一点。事实上，自先秦起，我国古代就已涌现出大批名辩思想家，如：邓析、宋钘、尹文、彭蒙、慎到、尸佼、兒说、田巴、惠施、公孙龙，至《墨辩》更为发扬光大，不能说我国没有逻辑学的传统。黑格尔《哲学史讲演录》独标中国史学，而认为中国古代哲学则不免粗疏浅陋。这不是公允的意见。不过，我们也应该承认，自佛法东来，印度梵典的重逻辑精神，特别是在理论的体系化或系统化方面，确实对我国文化产生了巨大影响。这里可举一例说明，六朝前，我国的理论著作只有散篇，没有一部系统严密的专著。直到刘勰的《文心雕龙》问世，才出现了第一部有着完整体系的理论著作，从而章学诚称之为“勒为成书之初祖”。刘勰精于佛法，在重逻辑精神上不能不说是受到梵典的一定影响。目前，我们出版的文学史还很少涉及中外文化交流这一领域。甚至缩小一点范围来讲，连佛书流入中土后所形成译业宏富的翻译文学，至今也很少有人注意。就这一点来说，《撰述大意》提出的主张颇有可取之处。

《撰述大意》又论到佛学的特点。作者以为：“以今哲学上术语言之，不妨说为心理主义。所谓心理主义，非谓是心理学，乃谓其哲学从心理学出发故。”接着，作者从宇宙论、人生论、本性论、认识论四个方面加以剖析，并作结语说：“吾以为言哲学者，果欲离戏论而得真理，则佛家在认识论上，尽有特别贡献。”尽管十力先生始终未能摆脱唯心主义的局限，有时甚至流入神秘主义，但他融会古今，力图用哲学观点来整理佛学的玄奥，使之明白易晓，却是应该予以首肯的。作者申明自己整理佛学所遵守的原则是“根底无易其固，而裁断必出于己”。这句话很重要。

我觉得《撰述大意》写得最好的地方也就在于谈读书。自然作者是就读佛书而言，但也可以推之适用于读一切书之法。这里撮录两条如下：“凡读书，不可求快，而读佛家书，尤须沈潜往复，从容含玩，否则必难悟人。吾常言，学人所以少深造者，即由读书喜为涉猎，不务精探之故。”贪多求快几乎为读书界的通病，甚至不少从事研究工作的人也难免此弊。我接触过一些青年，大抵平时并不精研原典，一旦提笔作文，就临时抱佛脚，仓促翻阅经典著作，不顾时间、地点、条件，也不问上下文的文义，各取所需，为我所用。倘要扭转此种不良学风，首在改变不求甚解、囫囵吞枣的读书习惯。作者所谓“沈潜往复，从容含玩”这八个字正可作为读书的良箴……

《撰述大意》的另一条就是谈到精读的方法：

“每读一次，于所未详，必谨缺疑，而无放失。缺疑者，其疑问常在心头，故乃触处求解。若所不知，即便放失，则终其身为盲人矣。”脑力劳动正如体力劳动一样，必须吃大苦，耐大劳，用汗水去换取收成。能不能做到“必谨缺疑，而无放失”，就是在读书上知难而退还是知难而进的分界线。读书可以作为一种消遣，但目的还在学习。作为专业学习对象的精读书，都应一遍又一遍地读下去，否则就不能吃透其中容易一眼滑过的重要内容。精读之要，首在必谨缺疑，使读不懂、吃不透的疑问常在心头。而解决疑难的办法即在“触处求解”。这四个字说的不仅是反复思量，查阅有关参考书，并且也包括把问题和实际联系起来去追究，去推敲，以便使书中窒碍皆去，脱尔颖解。[①]

王元化这里谈到的问题很多，仅就读书问题为例，他首先强调要下吃苦耐劳的功夫，所以他特别推崇熊十力关于读书的箴言：“凡读书，不可求快，而读佛家书，尤须沈潜往复，从容含玩，否则必难悟人。吾常言，学人所以少深造者，即由读书喜为涉猎，不务精探之故。”在王元化看来，这虽然是就读佛经而说的，但也可以推之于读一切书。他指出，只为涉猎不务精探几乎成了读书界的通病，甚至不少从事研究工作的人也难免此弊……而“要扭转此种不良学风，首在改变不求甚解、囫囵吞枣的读书习惯”。当然，由于今天知识领域不断拓广，学科之间的互相渗透日益加深，从事每一专业的人要读的书愈来愈多，而读书的时间有限，那就还是要借鉴前人的经验，把书分为精读略读两类。“对精读

① 王元化：《记熊十力先生——〈佛家名相通释〉跋》，见熊十力《佛家名相通释》，中国大百科全书出版社 1985 年 7 月版，第 216—219 页。

的书要痛下功夫，深入钻研，至少保证要往复熟读几遍，倘能做出笔记更好。”精读的方法，熊十力提出每读一次，对不明白的地方、有疑问的地方不仅要经常放在心头反复思量，查阅与其相关的参考书，并且要与实际联系起来追究推敲，尽力以求甚解。如果一遇疑难就绕过去，那就终身只是“盲人”。

王元化发挥说，脑力劳动正如体力劳动一样，必须吃大苦、耐大劳，用流汗去换取收成，不能知难而退。作为专业学习对象的精读书，必须反复研读，否则就不会吃透其中容易一眼滑过的重要内容。他于20世纪60年代在研读《文心雕龙》时，曾逐字手抄了黄侃的《文心雕龙札记》全书。倘只满足于一知半解，那么纵非终身为盲，也会成为视力衰退的近视眼。

除此之外，王元化记得，熊十力当年还用通信方式和他讨论佛学问题，几年下来，熊十力寄来的信积有一大沓。可是这些信在“四人帮”横行猖獗之际大都被销毁了。现在只剩下一张明信片，由于夹在书中，竟然漏网，得以幸存，成了留存的唯一纪念。

“文革”结束后，直到20世纪70年代末期，王元化才从报上看到熊十力先生是在1968年5月24日逝世的，他非常怀念这位大师，促成了大师遗著的出版刊布，并推动熊十力学术思想的研究。他不止一次向他的学生和朋友谈起熊十力先生，褒扬他的事迹。据王元化的学生胡晓明说：“我遭遇了熊十力。……熊成了我通往中国文化幽深处、佳胜处的一个桥梁。后来，熊先生也成全了我和导师教授的一段因缘。记得那年和先生在复兴路上散步，车水马龙、灯影婆娑，先生一路说熊，从性情到学问，索性又带我去看淮海路熊先生的故居，我们踩着吱吱作响的楼梯拾级而上，敲开那久已换了主人的房门……”[①]往事并不如烟，王元化对熊十力的挚爱，令人感佩。

1985年12月底，在熊十力的故乡黄岗召开了国际性的“纪念熊十力先生诞生一百周年学术讨论会”。王元化没有参加这一盛会，但他发去了热情洋溢的贺信。

---

① 胡晓明：《那是我生命中的一段风力——读熊十力札记》，载《文景》2002年第1辑，上海书店出版社2002年2月版。

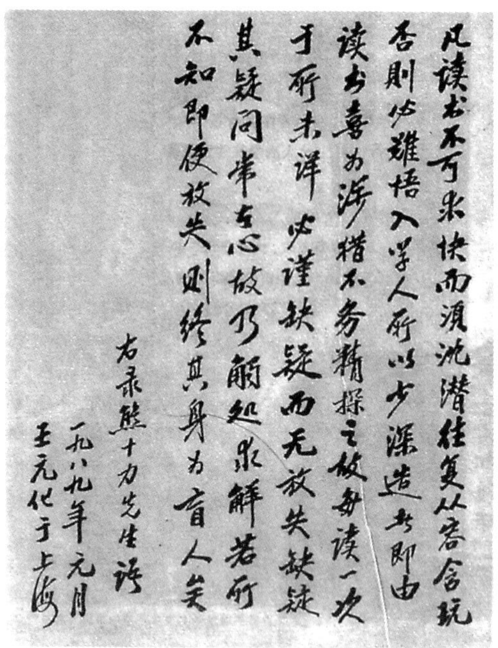
凡读书不可求快而须沈潜往复从容含玩
否则必难悟入学人所以少深造者即由
读书喜为涉猎不务精探之故每读一次
于所未详必谨缺疑而无放失缺疑
其疑问常存心故乃能起求解若所
不知即便放失则终其身为盲人矣
右录熊十力先生语
一九八九年元月
王元化于上海

1989年,王元化先生录熊十力先生语

王元化喜欢记日记,在20世纪90年代,他在日记中多次提及熊十力。日记有这样的记述:

1992年冬,客居南粤。1月15日:"清晨骤寒,降至十度以下。日出后,风力稍减。《明心篇》批释氏日损之学云,佛以贪为惑者,'其实被所谓惑,尽有不必是惑'。此语精审,极是。熊氏谓佛氏一切修行德用均为对治一切惑而设。又引《大学》,言修齐治平一段有五欲字,并释孟子所欲所恶,以申明所欲毕聚,人道大畅之旨。但又称孟子仍守小康,以圣王治天下为谬想。"

1月16日:"晴。熊氏谈欲,颇堪玩味。其'以大戒小,以公戒私'之旨,尤应细玩。"

1月18日:"晴。熊氏文章重逻辑,思辨性强,善用比,足征晚年仍受佛家文风影响。唯笔力渐衰,不及《通释》精练,多芜蔓。其文凡探寻幽深处去写得好,一入伦理之域,则不免平庸陈腐。如所作义利之辨,公私之辨,理欲之辨皆此类。"

1月19日:"晴。……熊氏所说的反己体认即儒家之内在超越。

所谓仁心无一毫私意掺杂，实与尚同去私传统思维模式无异。熊氏称佛为反人生对抗。又称僧肇深于老庄，谓其栖神累冥之方不能破除冥相。其称顾亭林虚己服善之语颇可采。又称，‘小己之私欲，莫大于贪财’。”

1月20日：“晴。写作仍缓慢。《明心篇》颂庄子语颇多。如弥‘其思深微，其识高远，肤学之徒，或疑庄子反对科学，是犹大鹏升云霄而资六合，小鸟卑视于薮泽，不信大鹏之所见也’。此似指关锋等之说。熊氏会惠庄关系极动人，令人心胸豁然。”

1月21日：“晨阴冷。读熊氏书使人引发出一种精神力量，此近人著作所无也。”

1月22日：“晴。……阳明诗：‘个个人心有仲尼，自将闻见苦遮迷。而今说与真头面，只是良知更莫疑。’熊氏谓，古代学人尊孔子者，多视为如今之不可升。阳明此诗便指出孔子真面目是一切人各自本有的。熊氏至晚年仍反对专制实基于此种认识。”①

王元化90年代还曾在他的一本集子的序言中指出：

我深深服膺十力先生所言：不萌自足之念和不挟标榜之私的学风。他曾特别揭出“虚己服善”这四个字，以为亭林、船山诸老遗范可师。十力先生的放达性格最易被人误解，以为他是那种意图一手推倒天下豪杰的妄自尊大者。可是读了上面那些话，谁还能这样去看待他呢？他是一个很会读书的人，常以自己的至情与作者精神相冥会。如他读庄，曾就《天下》所叙，称惠施应黄缭之间，遍及万物而不休，乃是一大科学家。他看出庄子描写惠子博学之神趣是极详尽、极生动的。又称，庄子责惠施的逐物之学，只在其不知反己，而并不在其所阐发的科学思想。这实是高远之见，为肤学者所不能道。我尤其赞赏他论庄惠关系的几句话：“二人学术不同，卒成至友，博学知服，后人无此懿德也。”的确，学术界似乎尚缺乏这种气量与风度。我谨记这几句话，为

---

① 王元化：《九十年代日记》，浙江人民出版社2001年7月版，第106—108页。

的是鞭策自己不忘涤除逞强好胜之风。[①]

根据自己的体验，王元化激赏熊十力的“孤往”或“孤冷”精神，他说：“唯新唯洋是从的风气与40年来教条主义的感染不无关系。教条主义与趋新猎奇之风看起来相反，实则相成。两者皆依傍权威，援经典以自重，而放弃自己独立见解。沿习既久，惰性已成，个性日丧，创造力终于斫伤尽净。殆至无权威依傍时，则不能创一说立一论，沉迷其中，而不知自省。熊十力《尊闻录》批赶时髦者说：‘不知而信之，惊于其声誉，震于其权威，熔于社会上千百无知之徒辗转传说。天下唯浮慕之人最无力量，决不肯求真知。’熊十力提倡一种‘孤往’或‘孤冷’精神。他说：‘凡有志根本学术者，当有孤往精神。’‘人谓我孤冷，吾以为不孤冷到极度，不堪与世和谐。’又致徐复观书中称：“知识之败，慕浮名而不务潜修也。品节之败，慕虚荣而不甘枯淡也。’清自乾嘉后，陈澧、朱一新辈，曾着力阐述治学态度与治学精神，倡导一种优良学风，但均为人所忽略。当时学术界偏重政治之改革，无暇顾及学术自身问题。康梁严复诸人，变法维新之书，世相争阅。陈澧、朱一新之论虽精，但风尚所偏，终为所掩。殊不知学风影响世风，从而会对政治发生相当大的作用。学术思想和政治并不是无关的。”[②]这种“孤往”精神，有助纠正学风之偏。

推而广之，检点现代中国思想史，有一个不容忽视的现象，就是人们的思想越来越意识形态化，思想的弄潮儿们不仅纷纷自觉朝这种或那种意识形态靠，而且还将各种思想也贴上意识形态的标签，甚至像“独立之精神、自由之思想”都可以用作意识形态的工具。针对这种含有明显专制暴力因素的思维方式和行为方式，王元化推崇熊十力提倡的“孤往”或“孤冷”精神，也就是先圣“虽千万人吾往矣”的精神。他揭示说：“唯新唯洋是从的风气与40年来教条主义的感染不无关系。教条主义与趋新猎奇之风看起来相反，实则相成。两者皆依傍权威，援经典以自重，而放弃自己的独立见解。沿习既久，惰性已成，个性日丧，

① 王元化：《思辨发微》序，台湾书林出版有限公司1994年4月版，第1—2页。
② 王元化：《思辨录》，上海古籍出版社2004年4月版，第155页。

创造力终于斫伤净尽。殆无权威依傍时，则不能创一说立一论，沉迷于中，而不知自省。”这是出不了大师和独立思想家的根本原因。自由思想必出于孤往精神，而不是出于趋附。

王元化推崇熊十力所倡导的“孤往”或“孤冷”精神，他的“沈潜往复、从容含玩”的治学精神，都是值得后人学习的。

尺牍情深

——王元化与韦卓民

软弱的人在困境中会躺倒下去，而坚强者却学会顽强地站起来。政治上的磨难反而促进了王元化在学术上的发展。他在后来的书中写道："人的尊严愈是遭到凌辱，人的人格意识就愈会变得坚强起来，这是施加暴虐的人所无法理解的。"①在那风雨如磐的日子里，王元化除了专心研究《文心雕龙》之外，又在黑格尔的哲学世界里找到了"心灵的契合"，"那时我正耽迷于黑格尔哲学的思辨魅力。50年代中期，我在隔离审查的最后一年开始阅读黑格尔。隔离结束，我把十几本读《小逻辑》的笔记簿带回家中。此后，我又读了黑格尔《哲学史讲演录》《美学》。这三部书比黑格尔的其他著作给我更大的影响。几年中，我把《小逻辑》读了四遍，作过两次笔记。黑格尔的《美学》，我也作过十分详细的笔记……"②这时王元化完全被黑格尔的哲学所吸引，黑格尔的作品成了他熟读不倦的书，仅仅读《小逻辑》的笔记，就有十来本练习簿。

韦卓民

说到王元化读黑格尔的这一段生活，不能不提到与他通信讨论黑格尔的韦卓民先生。

韦卓民(1888—1976)，广东香山(今中山)人，15岁随父亲来到武汉，就读于美国基督教武昌圣公会主办的文华书院(后称文华大学)备

① 王元化：《清园论学集》序，上海古籍出版社1994年12月版，第3页。

② 王元化：《文心雕龙讲疏》序，见氏著《文心雕龙讲疏》新版，广西师范大学出版社2004年1月版，第3页。

馆（即中学部），八年后毕业于文华书院正馆（即大学部），留校任教。后接受洗礼成为基督教徒。1918 年，赴美国哈佛大学研究院进修哲学，获硕士学位。1920 年回国，任文华大学哲学教授，并代理校长，参与组建华中大学。1924 年，任华中大学副校长兼教务长。1927 年，赴英国伦敦大学留学，获哲学博士学位。1929 年回国，任华中大学校长兼文学院院长。

20 世纪三四十年代，韦卓民在华中大学校长任内，曾三次应邀赴美国讲学，并受聘为耶鲁大学、芝加哥大学、哥伦比亚大学哲学、伦理学客座教授。1934 年，为扩建华中大学事，在美国募集基金，获得一些教会常年捐助。同年，在其主持下，改华中大学向美国政府立案为向国民政府教育部立案，以摆脱外国教会对华中大学的控制。抗日战争爆发时，在国外致电华中大学代理校长黄溥，嘱其迁校桂林，并汇回迁校经费。1938 年，当选为国民参政会参政员，曾附署中共代表团关于团结抗战和加强国民外交的两个提案。1946 年 8 月，从美国讲学归来，继续主持已迁回武昌的华中大学的校政。1947 年 3 月，当选为湖北省基督教联合会主席。武汉解放前夕，支持进步学生的爱国运动，设法保护学生中的共产党员。坚拒国民党当局胁迫华中大学南迁的指令，婉拒某些要人动员他出走美国的“劝告”。在中共地下党及进步师生支持下，护校保产，迎接解放。

新中国成立后，韦卓民为全国基督教《三自革新宣言》发起人之一。1951 年，华中大学改为公立，韦卓民继任校长。高等学校院系调整后，历任华中师范学院外语系、政治系教授。1954 年，当选为中国基督教三自爱国运动委员会委员。1957 年，被错划为“右派”分子。1979 年，中共湖北省委统战部对其错划右派问题予以改正。

韦卓民对中西方文化皆有甚深的了解，一生致力于中西文化与思想的沟通。他系统地研究了孔、孟、老、墨以及佛家、道家的哲学思想；于西洋哲学史、政治经济思想史也进行了系统研究，尤精于康德哲学。韦氏在 1915 年就用英文撰写了《孟子之政治思想》，后又陆续发表《佛教净土宗与基督教之比较》（1920）、《东西文化之综合问题》（1927）、《孔门伦理》（博士论文，1928）。1945 年至 1946 年，韦卓民获选“亨利 · 鲁斯访问学人”，在美国发表系列演说，即接下来在纽约出版的英文著作《中国文化之精神》(1947)。他在国内外正式出版的重要论著和译著有《孔门伦理》《亚里士多德逻辑》《康德哲学讲解》等多种。尚待整理出版的论著、译著有《形式逻辑纲要》《精神哲学》等15种。

韦卓民是中国现代最早从事中西文化比较而有卓越建树的学者之一。1984年,有关部门举行了"杰出的教育家、哲学家、爱国者韦卓民先生纪念会",高度评价他为中国高等教育和学术研究作出的重大贡献。1995年,在湖北武汉召开了韦卓民学术思想国际研讨会,会议论文集定名为《跨越中西文化的巨人》。人们普遍评价他既对中国文化有素养、有感情,又于西方思想下过沉潜的功夫,不是停留在口号和时尚之中。而韦卓民的学术性格,则对王元化起过很大影响。

韦卓民是王元化父亲王维周先生的同窗好友。王元化年少时即对韦卓民有很深刻的印象。那时,乃父经常向他介绍韦卓民手不释卷的好学精神,以勉励他勤奋读书。在王元化进中学时,因抗战爆发,北平局势紧张,王维周举家避难武汉,寄居在由韦卓民主持校政的华中大学校舍内,王元化也得以拜见这位父亲时常称道的长者,并得到他亲授《大学》《中庸》的机会。可惜时间很短,暑假过后,北方局势暂告缓和,王家又返回北平,王元化与韦卓民此一分别,就过去了30多年时光。[①]

王元化受难期间研读黑格尔著作的笔记,后来汇集为《读黑格尔》,由百花洲文艺出版社于1997年6月出版,此书收录了韦卓民先生写给王元化《关于黑格尔〈小逻辑〉的通信》(共三通)。

20世纪60年代初期,韦卓民到沪探亲访友,王元化已

① 参见王元化:《记韦卓民》,载氏著《人物·书话·纪事》,人民文学出版社2006年1月版,第22页。

入中年，其时对黑格尔哲学兴趣正浓，便提出向他请教黑格尔，韦卓民先生慨然应允，并约定通信讨论。此后，他们约 10 天左右就通一次信，书札来往颇为频繁，“文革”期间曾经一度中断，王元化并将那些信件全部销毁。

直到 1973 年，韦、王两人才又继续通信，王元化这次设法把信保存下来。“文革”以后，王元化从中选出几封信以《关于黑格尔〈小逻辑〉一书的通信》为题，发表在《上海师范学院学报》上，以示对韦卓民先生的缅怀之情。

韦卓民先生的治学态度是严肃认真、一丝不苟的，于勉励后学事上也丝毫没有马虎。他回答王元化问题的复信往往长达十页纸以上，且正反两面书写，笔画清晰、端正，几乎从无圈改涂抹的地方。在复信时，常因为一段话甚或一个术语，而查阅各种版本。倘若手边无书，没有查到，也在信中言明，绝不肯含糊过去。他对黑格尔的用语大多几经推敲，决不望文生义，真可说是“一名之立，旬日踌躇”。这种功夫是今天有些人不屑一顾，并轻视地加以“死抠字眼”的恶谥的。因此，在一些理论性文章中遂造成不求甚解、以讹传讹、概念混乱的种种弊端。

有一次，王元化接到韦卓民的复信较迟，读后才知，他连日缠绵病床，刚能下地即赶忙作复的。王元化对这位父执兼师友的前辈，其感激之情绝非言语所能讲得清。在那个年代，这种纯学术性的通信探讨进

韦卓民写给王元化的信函

一步促使王元化的心灵远离了外在的烦恼，投向追求真实与智慧的道路。

可以想见的是，逆境中的王元化，读到韦卓民那一封封来信，在增长自己学术知识的同时，也感受到了蕴含其间的深深关爱，并将这种关爱化作激励自己潜心问学的动力。王元化后来说："他（韦卓民）在一封信中，曾谈到我国思想史方面的贫乏，勉励我说，'世兄其与我共勉之'的话，至今仍时时促我勤奋，使我对自己的怠惰荒疏感到内心的疚责。"[1]后来王元化兴趣转向思想史方面，与韦卓民先生在信中谈到我国思想史方面的贫乏有很大关系。

通过交流，王元化对韦卓民的学术思想和学术造诣日益了解：

卓民先生素重康德。解放后，他的近三百万字的译著，其中有关康德的研究占据了绝大的比重。他迻译的康德著作，不仅数量最多，而且在质量上也堪称上乘。比如《判断力批判》上卷原是由别人译述的，后来商务改请他续译下卷，就因为编者认为他更能胜任的缘故。他早年留学美国，在哈佛获硕士学位。后又留英，在霍布豪斯门下就读。其时他还遍历欧洲几家著名大学深造，达数年之久，得博士学位。他不仅精通英、法、德、俄诸语种，也精于拉丁文。他不是那种偏执一隅之解的学者，把自己的研究拘囿在狭窄的范围内。他学贯中西，深知融会古今、触类旁通的重要。他生前和我谈话时，说起他留学英国时，曾打算钻研佛学。曾向一位年老的英国女专家请教。当他得知欲通佛学，须懂巴利文，而学会这门古文字又非三五年不可，才废然而止。尽管如此，他还是读了不少汉译梵典，并与我国佛学专家结交。我认识熊十力先生并向之请教，就是经卓民先生介绍的。卓民先生也精于黑格尔哲学，晚年撰《黑格尔〈小逻辑〉评注》，此书包括部分重泽、注释、评论，约七十五万言。逝世前大约已至少完成三十余万字，恐怕未能完稿。他逝世后，我曾向翰伯呼吁，收集遗稿付印出版，以嘉惠后学，深望此事得以实现。我和卓民先

---

① 王元化：《记韦卓民》，载氏著《人物·书话·纪事》，人民文学出版社2006年1月版，第24页。

生通信中，曾就《小逻辑》中的一些领会和疑难，有时也提出一些不同看法请他指正。他的复信不仅对此书的体系、用语、体例以及读法和参阅有关资料提出了有益的指导，而且也时或评论其中利弊，耐人寻思。①

据我所知，王元化为了韦卓民遗著的整理出版，不仅向当时国家出版局的领导陈翰伯同志呼吁，也曾向周扬同志反映过。

在1978年，当王元化得知周扬复出在中国社会科学院任职后，即给周扬写信，与周扬取得联系。周扬也一如既往地关注着王元化。下面所引录的这封信，是王元化1982年为出版韦卓民遗著写给周扬的求援信，也是他写给周扬数封未曾披露的信中的一封：

周扬同志：

奉上上海师院学报（82年1期）。其中有韦卓民（已故）论学书，是给我的信，由我整理发表，并附一跋。

韦先生是国内康德哲学专家，生前曾为商务译出亚里士多德及康德著作多种，共三百余万言，内中约近半数积压在商务未予出版。他晚年曾著《黑格尔的〈小逻辑〉评注》一书（即拙跋中所记），功未毕而人已故。此稿我虽未见，但与他通信中多有涉及，深感具有相当价值，倘能问世，当嘉惠学人。因此于三年前即向陈翰伯同志当面呼吁，他亦表示重视，并记下此事，但迄今无下文。我不单纯是出于私人受业之情，也确实为了我国学术界的兴旺繁荣，谨向您呼吁，请您推动有关方面（商务）尽快将韦先生评述早日印行出版。韦死后，我与其子女无来往，也无通信关系，仅知他们在武汉某单位任教或任工程师之类，其长子名鄂生，女名安娜。我想出版社如关心此事，当可查出他们的地址。

今夏我大约要来京谈百科文学卷事，届时当趋前拜访。我一直在关心着您的健康，听说您一直很好，颇感快慰。望您珍重。

目前文艺界很需要老一辈，特别是像您这样一直担任领导，深知文

① 王元化：《记韦卓民》，载氏著《人物·书话·纪事》，人民文学出版社2006年1月版，第23页。

艺界情况，并对文艺具有高度修养的领导人发言，使我国社会主义文学事业得以茁壮成长。我感到我们党的文学事业向前发展仍存有阻力，因此更希望您于必要时作必要发言，我深信您一定会这样做，因为您过去已经这样做过多次了。这效果及影响是巨大的。

请代问候灵扬同志。

致

敬礼

王元化手上

[1982年]4月10[日][①]

王元化在信中只是简略地介绍了韦卓民的学术成就，并没有提到自己与韦卓民通信讨论哲学问题的历史渊源。其实，这是很值得提及的一段学术佳话。

因为韦卓民“厚德载物”影响的存在，王元化须臾未曾忘记这位前辈。在海清山晏的1982年，为了表示对韦卓民的怀念之情，也抱着“为了我国学术界的兴旺繁荣”的想法，向周扬写上引这封信求援，并将载有韦卓民书信的《上海师院学报》送上，希望周扬能关注韦卓民遗著的出版。

接到王元化的信后，周扬是很重视的。据了解，周扬曾责成办公室人员与商务印书馆联系。

王元化回忆，主持商务印书馆的陈原曾去信给他，询问韦卓民遗著下落，这大约与周扬的关注有关。但是，正如王元化信中所言，因在韦卓民谢世后，他“与其子女无来往，也无通信关系”，不知道遗著的下落，此事也就没有结果。

这些情况，王元化在与友人的通信中也一再提及，如1986年写给劳承万的信就说道：“卓民是我的父执辈，我和他的交往，在那篇小文(指《记韦卓民》——引者按)中已详。现在突然发现他的生前的学生，对他怀有温情，我也同样有些惊讶和高兴。我和韦先生除在60年代一度短暂相晤(重逢于沪上)并从此通讯外，别无接触。他的译著曾赠我

① 引自徐庆全：《王元化关于韦卓民遗著的一封信》，2006年5月18日《学习时报》。

二三种，至今未收全。至于遗稿只是听他生前讲过，而从未见到，也不知内容，更不知现在何处。他的子女，我还是在小时（那是唯一的一次去武汉）在一起玩过。后听他说鄂生在湖北（何处工作及往何处均不详），保罗在广东务农，安娜大约亦在湖北。如此而已。韦先生逝世，他的子女从未来过信，连逝世消息亦未通知。您准备在大作再版后记中谈谈您与韦老的交往，我认为很好。的确现在国内很少人知道他。”①

不过，直到80年代末，事情有了转机，韦卓民所供职的华中师范大学才编辑完成《韦卓民遗著》一书。90年代初，在书付梓之际，王元化写了出版前言，再一次表达了对韦卓民的怀念和敬仰之情。

---

① 王元化：《1986年11月2日致劳承万》，见氏著《清园书简》，湖北教育出版社2003年1月版，第172页。

“龙学知音”

——王元化与郭绍虞

郭绍虞(1893—1984),原名希汾,字绍虞,江苏省苏州市人。1910年在苏州工业中学上学时就与同学创办了文学刊物《嘤鸣》。1913年到上海教书。1919年任北京《晨报》副刊特约撰稿人,又编写了《马克思年表》《近世美学》《艺术谈》等,影响较大。1921年元旦与茅盾、郑振铎、叶圣陶、王统照等人发起成立了“文学研究会”,在新文化运动中起了积极作用。后历任燕京大学、复旦大学、之江大学、光华大学、同济大学中文系教授兼系主任。新中国成立后任同济大学文法学院院长、复旦大学中文系教授兼系主任、上海语文协会副主席、《辞海》副主编、中国语言学会顾问等多种职务。

郭绍虞

王元化与郭绍虞的交往,始于20世纪60年代初。

1959年底,长期审查的结论下达,王元化被定为“胡风反革命集团骨干分子”,开除党籍,行政降六级。1960年初,王元化被安置于上海作协文学研究所。由此机缘,王元化开始了与该所所长郭绍虞的交往。

其实,郭绍虞是早就知道王元化的为人的,并关心着他。据唐弢披露:20世纪50年代初,“绍虞先生担任复旦大学中文系系主任以后,锐意改革,约请不少当时在上海的文学家去讲课,我现在记得起来的,计有:雪峰、胡风、李健吾、王元化……等,我也是那时应约去教书的一个。”[①]

---

① 唐弢:《狂狷人生——纪念郭绍虞先生》,见氏著《二十世纪中国作家怀人散文:唐弢卷》,知识出版社1997年5月版,第101页。

1964 年，研究《文心雕龙》时的王元化

对此，王元化感同身受，他曾说过："最近读到前几年唐弢先生为纪念绍虞先生而作的《狂狷人生》，我才知道解放初复旦中文系聘我去兼课是出于绍虞先生的举荐。那时我们并无来往，后来绍虞先生也未向我提及此事。"

1960 年，他被下放到上海作协文学研究所工作。从那时起，王元化正式与郭绍虞结交，并向他请教学问。

到了作协文学研究所，王元化开始了天天上班的生活，他继续中国古典文论《文心雕龙》的研究，在为青年研究人员讲授《文心雕龙》的同时，以柬释的形式，写了十多篇文稿，但因"胡风案"的问题，文稿难以发表。

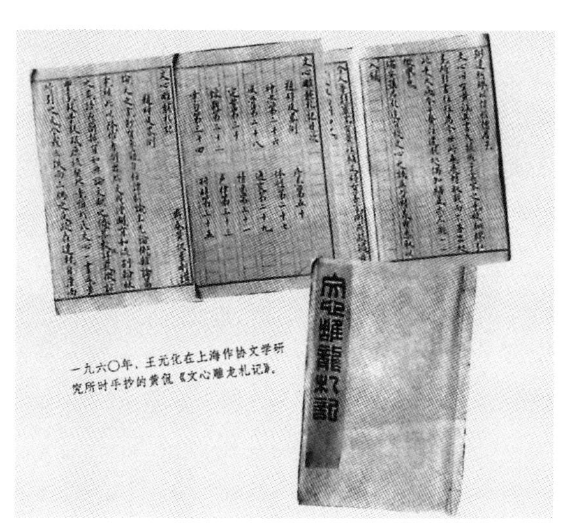

王元化在上海作协文学研究所研读《文心雕龙》的手抄本

王元化之研究《文心雕龙》有一个漫长的过程，据他自谓："从我青年时代问学于汪公岩先生开始接触本书（指《文心雕龙》）起，大致的经历如下：抗战胜利后，1946 年我在国立北平铁道管理学院任教，曾选出《文心雕龙》若干篇为教材。授课时的体会，成为我对写作本书的最初

酝酿。60 年代初卷入胡风案件，栖身在上海作协文研所时，除翻译外国文学作品和研究我国古典文学外，实在也没有其他较有意义的事可以做。正好由于需要，我开始了《文心雕龙柬释》的写作。前后延续了三四年，初稿全部完成。可是紧接着'文革'开始，稿件被抄走。直到 70 年代'文革'结束，原稿才发还。我以近一年的时间进行修改和补充，于 1978 年完稿。书名定为《文心雕龙创作论》，由上海古籍出版社出版。出书的日期是在 1979 年末，可是当我拿到书的时候，已是 80 年代初了。所以本书的酝酿是在 40 年代，写作是在 60 年代，出版则是 70 年代，至于我再重新加以校订，作为今天这样的本子出版则是 21 世纪的第四个年头了。"①

为什么当时的年轻人会对《文心雕龙》感兴趣呢？这不仅仅由于所长郭绍虞前一年刚刚改定出版了《中国古典文学理论批评史》上册，对《文心雕龙》有了新的评价，而更多的原因是由于当年的《文学遗产》上，正兴起一场热烈的讨论，关于刘勰的世界观问题。世界观改造得好不好，这是当时的重大"学术"问题。而王元化对《文心雕龙》的研读，当然也是有兴趣的。

1962 年，王元化本着向一个有深厚古文学养的老前辈问学的态度，将自己的几篇《文心雕龙柬释》呈交所长郭绍虞过目。郭绍虞明知王元化那时是作为"胡风分子"而来所工作的，可是他不顾当时的政治空气，十分认真地读了王元化的手稿，并且给王元化写了一封热情洋溢的信。

王元化完全没有料到居然很快就得到郭绍虞的回应。郭绍虞在信中对王元化的著作给予了高度评价，不仅给他鼓励，还为他筹划怎样将这些文字同时分批发表。此信的内容如下：

元化同志：

大作数篇均取诵，所论甚有新见，颇佩。拟推荐此数文分别在全国性的杂志上。一、《文艺报》。他们要我写篇论文气的文章，我答应替他们介绍一篇，想选其中一篇送去。二、中华书局的文史论丛。此为

① 王元化：《文心雕龙讲疏》新版前言，广西师范大学出版社 2004 年 11 月版。

学术性较高的刊物，似亦可以发表。此外拟留几篇自己派用场，以前以群同志说好文学研究所将出一种刊物，如果出版也需要几篇好文章撑场面。这样代为安排不知你可能同意否？这方面的工作希望继续写下去，或者暂时不发表，俟将来积累更多时，同时在各报刊分别发表，似更能引人注意。在读者再提意见之后，然后做汇集出书。我信此书出版，其价值决不在黄季刚《文心雕龙札记》之下也。

……

郭绍虞

王元化在当时的处境下几乎与人断绝了交往，也不敢奢求得到别人的同情，因此从郭绍虞那里感受到的情谊也就显得特别的真诚和可贵。可以想象，当王元化接到郭绍虞的这封信时，是怎样的心情，用他自己的话说就是，“这是我在那寒冷岁月中从未领受过的温暖”[①]。

当时，王元化已经42岁，自1955年被打成“胡风分子”以后，他所写的东西一直不能公开发表，连与他父亲王维周先生一起翻译的英国海军军官呤唎写的《太平天国革命亲历记》，出版也只能署他父亲一人的名字。如今，郭绍虞对王元化文章的评价和推荐，对王元化继续投身《文心雕龙》的研究，无疑是极大的鼓励与促进。

不久，郭绍虞还托人给王元化送去亲手书写的条幅，此后这一条幅就一直悬挂在王元化家中的客厅里，内容是嵇康的四言诗《赠兄秀才入军诗》，诗云：

良马既闲，丽服有晖，左揽繁弱，右接忘归。风驰电逝，蹑景追飞，凌厉中原，顾盼生姿。携我好仇，载我轻车，南陵高阜，北属清渠。仰落惊鸿，俯引川鱼，盘于游田，其乐只且。

郭绍虞的这幅字自然也是富有寓意的，看过这一墨宝，了解这一时期的人，都会为郭绍虞先生的一番苦心，一番对于身处困厄的晚辈学人的深情厚意，留下深刻印象。

---

① 王元化：《记郭绍虞》，见氏著《人和书》，兰州大学出版社2003年10月版，第96页。

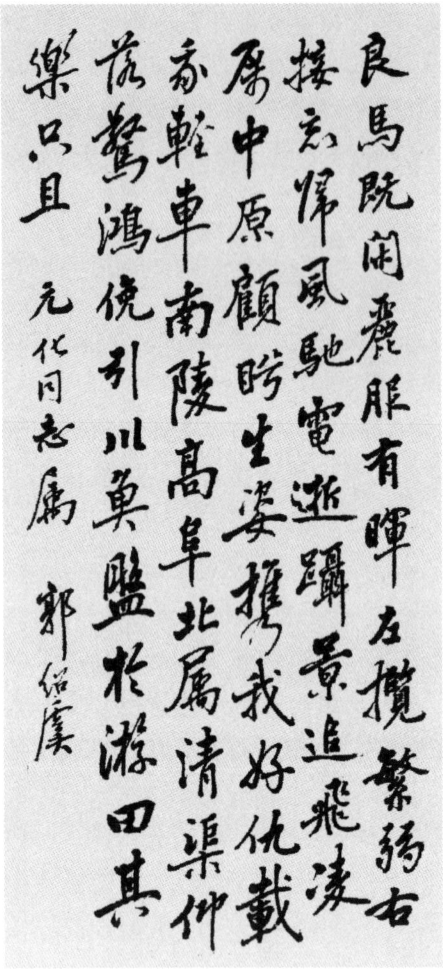

1961 年，郭绍虞先生写给王元化的条幅

元化先生生前曾告诉我，郭绍虞的这幅手书，一直挂在自己的书房里。我记得，20 世纪 80 年代我还在复旦大学读书时，每当学校有重大活动，书法协会总会请郭绍虞先生领衔，在学校大门处两排橱窗边展出书法作品，而郭绍虞先生的手书，苍劲挺拔，傲岸脱俗，看后无不啧啧称叹。

话说回来，在郭绍虞的鼓励下，王元化陆续把写出的《文心雕龙柬释》逐篇送给他审阅，他每次退回的原稿上都夹有用端正小楷书写的签条。通过这些签条，王元化发现，郭绍虞对送去的文章读得十分认真仔细，甚至对文章所引用的书籍也进行了不同版本的对勘。比如，他指出，王元化所引用的《四部备要》本《弘明集》，有些篇章的卷数和《四部丛刊》本不同。看到这里，这真使王元化“既感且愧”。

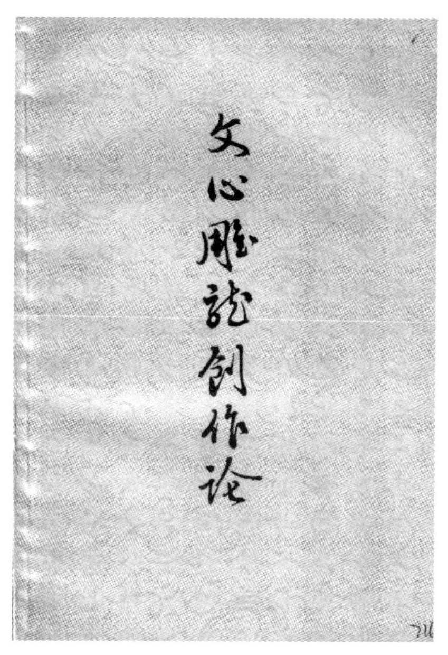

王元化著《文心雕龙创作论》，上海古籍出版社 1979 年 10 月版

在王元化的印象中，郭绍虞是一位坦荡的君子。他说：“根据我和绍虞先生多年接触所得的印象，我觉得他是一位不知文过饰非而敢于展露自己胸襟的长者。”

王元化记得，“文革”刚开始，报上正在批“三家村”的时候，紧张的政治空气令人惶惶不安。他去见郭绍虞，向其谈到邓拓。郭绍虞没有一个字涉及这场运动，只是出乎意外地说了一句：“可邓拓书法实在好。”

说完，郭绍虞便走进里面的书房拿出一本美术杂志，翻到一页刊有邓拓写的“实践”两个字，指给王元化说“你看！”此情此景使王元化十分难忘。

后来在“四人帮”粉碎后，那时的气氛完全不同了。有一次大家在一起聊天，郭绍虞略带微笑地向王元化说，他曾经也想用儒法斗争的观点去修改《中国文学批评史》，可是还没有来得及，“文革”结束了。这种毫无掩饰的坦诚，再一次使王元化惊讶。他认为，“绍虞先生虽教书多年，但他不是口才便给的人，他不大会说话，因而就需要从他那近于木讷的谈吐中去发掘寄托遥深的寓意。绍虞先生真诚地相信应改造自己跟上时代的步伐，像许多老一代知识分子一样。我感到遗憾，当时没有和绍虞先生深谈，不知他在几十年改造的经历中，究竟领受了怎样的甘苦。”①

郭绍虞于 1984 年去世后，王元化心里一直想写文章缅怀郭绍虞先生，他指出郭先生“不大会说话，因而就需要从他那近于木讷的谈吐中

① 王元化：《记郭绍虞》，见氏著《人和书》，兰州大学出版社 2003 年 10 月版，第 101 页。

去发掘寄托遥深的寓意”。他说：

今天各大学中文系已将中国文学批评史列为普遍开设的学科，而这门学科的建立则有绍虞先生的一份心血。早期教授这门学科的卓有成就的专家如罗根泽、杨明照等，均出自绍虞先生门下。

他的《中国文学批评史》为这门学科奠定了基础，使人认识到它是一门独特的学问，而不是无根的游谈。绍虞先生曾谦逊地说，他这部书只是早出的陈中凡先生的《中国文学批评史》的跟随者。但正如朱自清先生在评郭著时所说，“它虽不是同类的第一部，可还得称是开创之作，因为他的材料和方法都是自己的”。

绍虞先生以照隅室作为斋名。晚年印有《照隅室古典文学论集》《照隅室语言文字论集》《照隅室杂著》三种。照隅二字取自《文心雕龙·序志篇》：“各照隅隙，鲜观衢路。”这句话的原意，是刘勰对于前人持论多陷于取小忘大作风的指摘，本含有贬意。绍虞先生反其意用之，不仅在于这两个字和他本名谐音，而是寓有其他命意。

绍虞先生《论八股》一文表明他对趋时之病最所痛恨。他称这种风习为“一窝蜂，即所谓赶时髦”。文中援引了章炳麟《复仇是非论》中一句话：“趋时之疾沦于骨髓，相率崇效，与高髻细腰之见相去有几？”（大意）他在治学上像老一代重视独立精神的学者一样，是不肯曲学阿世的。这一点在他所写的《语文通论》诸作中，也留下了痕迹。语言文字的研讨在他的学术著作中占有相当重要的位置，仅仅把他视为古代文论的学者，忽视了他在语言文字方面所取得的学术成就，就不能对他作出全面的评价。他在这方面的研究具有不少创见，往往发人所未发。

凡和绍虞先生接近过的人，从未见他有激烈的言语和动作，都觉得他性格温和。他说话总是那样慢条斯理，从容不迫。但根据他的弟子记述，他也有过感情激动的时候。这事发生在抗战初北平沦陷后的燕京大学课堂上。一天他上课讲到《黍离》诗时，竟然恸哭失声，以致满座随之泪下。这一突兀举止也不难理解，在为人处世上，他本来就称颂过狂狷性格。他在《忆佩弦》一文中说朱自清，不英锐而沉潜，不激烈而雍容，在性格中具有更多的涵容成分。他把朱先生归结为“不必定以斗士姿态出现而仍不失为斗士的人”。这足以说明他对斗士的向往。

另一种情缘
——王元化与胡风

王元化与胡风相识于抗战胜利后，但其时两人的交往并不频繁。

那是在1946年，王元化和满涛一起去上海雷米路文安坊看望冯宾符[①]。冯宾符对他们说，胡风就住在他的隔壁，愿介绍使之认识一下。他们当然很高兴，几位朋友见面以后，交谈甚欢。这是王元化和胡风先生第一次见面。

胡　风

在此之前，王元化在北平读中学时，曾读过胡风的文章。抗战爆发后，王元化到了上海，胡风已去了陪都重庆。但王元化在孤岛时期看过胡风写的《论民族形式问题》和他编的《七月》。

直到晚年，王元化对于与胡风的首次见面，谈话的内容都还记得。他回忆道："他说今天中国的文艺界，要反对两种倾向，客观主义和色情，我们听了都很赞同。"[②]

抗战胜利后不久，王元化就到北平在国立北平铁道管理学院任教。那时王元化的内兄满涛给他来信说，他和萧岱、樊康常到胡风家去。后来他们办了一个小型刊物，把王元化写的一篇《论香粉铺之类》发表在

---

① 王元化与冯宾符曾经是上海储能中学同事，都在这所中学教过书。冯宾符（1914—1966），浙江慈溪人。1945年参与发起组织中国民主促进会。1947年加入中国共产党。曾任上海生活书店特约编辑，《译报周刊》主编，《联合日报》《世界知识》总编辑。新中国成立后历任世界知识出版社副社长，人民出版社副总编辑，外交部研究室研究员、新闻司专员，世界知识出版社社长兼总编辑，民进第三、四届中央常委兼副秘书长。他是第一至三届全国人大代表。译有《战后苏联印象记》，合译《西行漫记》《世界政治》等。

② 王元化：《我与胡风二三事》，2008年5月16日《文汇读书周报》。

他们办的《横眉小辑》上。这篇文章本来是寄到《时代日报》,给楼适夷的。可是满涛他们看到,拿去就作为《横眉小辑》丛刊第一集题目了。

王元化在北平教了三年书,被组织上叫回上海。那时上海的文委领导是新从延安回来的一位老同志,他经过延安整风和“三整三查”,一回来,就把整风精神带来了。在敌伪统治期间,王元化开头是上海地下党文委的委员,后来做文委的代书记。这位同志一来,觉得他思想不纯(在学习《讲话》时,王元化曾提出了一些想不通的地方),就撤了他的职,要过去他所领导的文委成员(包括萧岱、束纫秋、包文棣、樊康等)背对背地揭发他。他们揭发不出任何东西,但这位同志仍认为王元化有问题,不安排他工作。

从北平回上海后,这位同志咬定《横眉小辑》是王元化创办的。他认为这个刊物很不好,勒令停刊了。虽经萧岱、樊康等一再声明《横眉小辑》的创办与王元化无关,但他仍坚持这个丛刊是王授意办的。

王元化回到上海后,仍由这位同志领导。他先派王元化去《展望》负责编辑工作(《展望》被查封后,又令他去负责编《地下文萃》)。王元化在编《展望》时,樊康拿来一篇冰菱(路翎的笔名)的文章,在《展望》上发表,受到这位同志的严厉批判。

他向王元化宣称:“胡风是有政治问题的。”王元化表示缺乏证据,就和他争辩,举出鲁迅答徐懋庸那篇文章。他十分生气,认为王元化对抗组织。此事一直拖到上海解放后,由当时华东局宣传部长舒同亲自过问,交上海市委组织部解决。王元化受到口头警告的处分后才分配工作。

在解放战争中,国民党节节败退,那时,这位老同志突然来找王元化,通知他说:“你去找胡风,向他说组织希望他到香港去,这是周恩来同志的意见。”这使王元化一时摸不着头脑。他向这位同志说:“我和胡风没有什么来往,他也完全不知道我是党员,我怎么能去向他说呢?我去说了他也不会相信我。”他建议不如让林淡秋转告冯雪峰,让冯雪峰去说比较合适。从这件事看来,这位同志认为当时王元化和胡风关系密切,以为王元化会把什么事都向胡风说。

王元化说过:“我和胡风的来往倒是从解放后开始的。开头姜椿芳在时代出版社负责,找我去工作。不久又调到华东局宣传部,后又由华东局宣传部分配到新文艺出版社。”

新中国成立后，王元化与胡风的交往，首见于劫后幸存的胡风日记，时在1950年3月12日，其记载是“罗飞、王元化来”[①]。同月17日，胡风又收到王元化写的信及王元化所在的时代出版社送的新书。王元化在信中说：

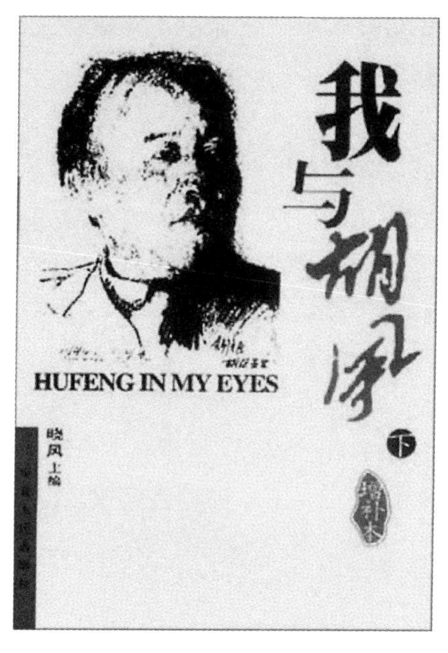

晓风主编的《我与胡风》（增补本）收入了王元化的回忆文章

奉上时代出版的新编书八册。其中一册俄译鲁迅选集（是）送给胡太太的。您送给我的两册诗集，已拜读了。我很喜欢第二乐篇：《光荣赞》。这是使人鼓舞的一部作品，它把我最近积压在心上的一些苦恼全扫清了。希望以下的几部乐篇能早早问世。

解放后读了一些文艺杂志和副刊上的文章，看看还是老调子，抗战前搬弄什么上层建筑、下层建筑的人，现在还是只会搬弄这些东西；抗战初期提倡“意识＋技巧”的人，现在还是号召大家向古典作品“学习技巧”……

他们的思想好像钟摆一样摆动，摆来摆去仍在老地方。这些人狂热地赞美“新”越剧、“新”京戏……但是对于把全生命献给人类苦斗了一生的鲁迅、罗兰等，却用着轻薄的态度玩着——像您所说的“后来居上”的蚍蜉式的“批判”。更下者，是那些残渣重又泛起，发出一片空漠的叫嚣……读着这些东西，使你不得不感到苦闷。因此，对于有生命的作品，更觉得有迫切的需要。希望您写下去！[②]

上海新文艺出版社的社长是刘雪苇，王元化是总编辑兼副社长，由于刘同时又任华东文化局（原华东文化部）局长，所以出版社的日常工

① 《胡风全集》第十卷《日记》，湖北人民出版社1999年10月版，第159页。
② 王元化：《清园书简》，湖北教育出版社2003年3月版，第480—481页。

作由他负责。王元化推荐了后来被定为“胡风集团骨干分子”的张中晓入社工作，并出版了胡风的两本书，该出版社后来在反胡风运动时被定为“老窝”。

在理论方面，王元化很重视胡风的意见，根据胡风的提示，王元化就曾读了西蒙诺夫等人的文章，他在给胡风的信里说过：“星期六您说的那篇西蒙诺夫的文章，我已请水夫直接由原文译出第七节，译文是这样的：‘作家必须知道得多。他应当研究马列主义，他应当向科学共产主义的经典名著——马、恩、列、斯的经典名著学习革命思想。’今人译文与此似乎并无多大出入。奉上《翻译通报》，看好请寄还给我（这是社里的）。最近有些什么文章应该看看的？（不问是好的还是坏的）希望您介绍一下。那篇西蒙诺夫的文章我已找到，正预备仔细读读。”①

1952 年 9 月 2 日，胡风写信给王元化，他说：

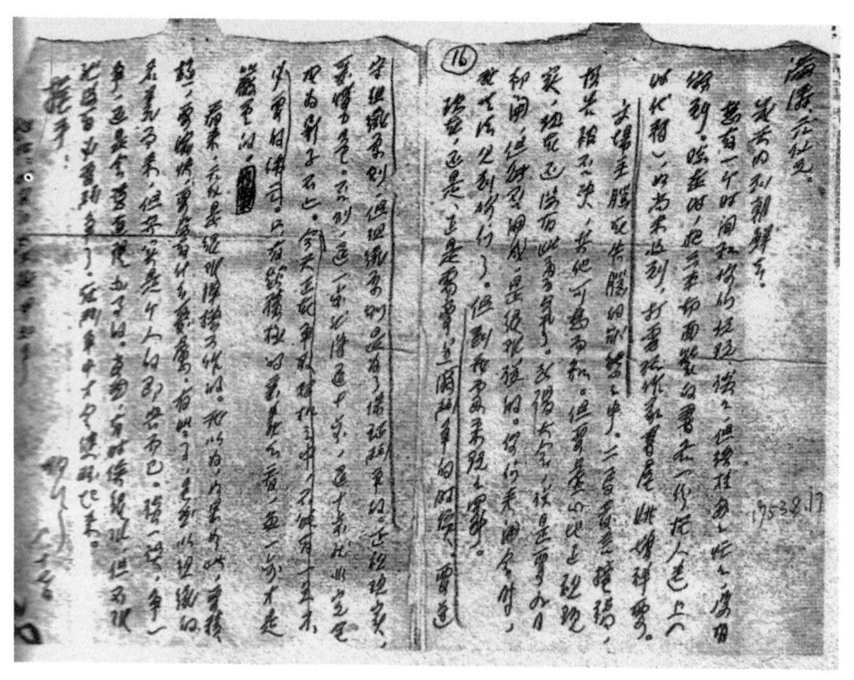

胡风写给满涛与王元化的信

① 王元化：《清园书简》，湖北教育出版社 2003 年 3 月版，第 481 页。

元化兄：

信收到。黄源来此，问一问，什么也不知道。只知道雪自己将编刊物，而且留下了魏金枝。《别选》出了，可寄这里。如能寄一本平装给我，精装留在家里，更好。我以为，应稳步地做去。看样子，要做三五年准备工夫。现在只有让他们把一切吐出来，狼藉满地，再说。但一定要做准备。发现对象，是必要工作，慢慢做罢。其次，要用一切办法添人。这一来可以把工作做得更好，二来可以使大家免得过劳，三来呢，预防人事万一有变化，被抽调。应该找品质好而略有理解的人，添进来。太理想了的人，当然找不到，但只要品质好，可以"培养"的。要珍惜这一个岗位。听三花脸说，他也许可能吃掉时代[①]（上次他说苏联不同意）。至少，应先把满兄抽出来。此事甚重要，不能大意的。

耿兄校样，今明可寄回。有些斟酌，望你们再仔细斟酌一下：这是一个小炸弹，事先应求全一些。但这里有几个问题：（一）出版处，泥土不广，且效力太小；（二）出版期，为了效果，就出呢还是过一些时看看？（三）如刘同意新文艺出，当然好，但这又提前使新文艺成了大目标，如何？（四）作者，对他造成了不好的印象，得考虑。另用名字，或借用一名字？都不容易。你们考虑一下。

已给刘、彭团组织看了否？也考虑一下。

友人粗粗检查了一下三花脸过去的东西，包含了不少的污秽。耿兄（和你们）看一看《鲁迅回忆》，如何？作为参考，但这一篇似可以不必添进这里面的东西去，那可以将来再说。

我很好，只是住得有些闷。也不能做什么。

无耻已于廿五日动身。计程当已到此，但尚无动静。也许当作宝贝先成起来准备罢。

给雪一信，请即代发，因为忘记了号头。

握手！

谷

九·二日[②]

---

① 指时代出版社。

② 《胡风全集》第九卷《书信》，湖北人民出版社 1999 年 10 月版，第 566—567 页。

王元化得此信后，于1952年9月7日，复信胡风：

胡先生：

9月2日信收到，附来的信已转雪苇。《源头》十本已寄上好几天了，大概已收到了罢？雪苇得你信后，曾到社里来过（他早已出院，接着休假半月，昨天已开始办公了）。我也向他提到《新人物》，这次总算不错，他也和俞、冯提出来了，并且还提出《民族》《密云》再版问题。但社里情况，真是一言难尽，发行之权全部抓在经理部手里，他们唯一的借口就是不便盲目造货，须看读者需要和中图添货情况决定。两个人都说《新人物》据中图反映尚存五百册未售罄，而《民族》与《密云》中图均不拟添货。后雪苇坚持了一下，认为《民族》与《密云》可即再版，二人似否否似唯唯地答应下来。小×这人似乎天生有一种故意为难你一下的脾气。这类事我不知道碰上多少回了。现在他正在制造纠纷。文艺整风我回社后，首先就碰到校对组对杭行进行挑剔。他不出面，而是使用"群众力量"，说杭不称职。我未回社前，就已形成满天星斗之势。曾把梅林、杭行叫到经理部，开了一个检讨会，斗了杭一顿。回到社里，我提出开检讨会的办法不对，他又煽起校对组对我反感。此后杭大概是怕他，竭力向他靠拢，说什么编辑部新调来的美编怠工呀！什么罗洛决定一切呀！于是这些又成了他的资本。最近，打击目标又集中在罗洛身上了。"群众"中忽然出现了罗洛"自高自大"的说法，甚至老区调来的同志，也都随声附和，批评我对罗洛"盲目信任""重用""夸大优点"齐等。这些事好像解疙瘩一样，刚刚解开，不知道明天他又在什么地方再打上一个。事情虽不足道的，可是麻烦得很，使精力全浪费在这些无聊的事上了。雪苇以为俞这样的人才难找，可以为社挣钱，但×正是抬出俞做幌子，把社里搞得一团糟，将来的麻烦恐怕还多呢！充实编审力量自然是对的，但基本恐怕更重要的是使经理部充实起来。但不知雪苇是否有决心加强、补充一副经理。

关于阿Q[①]一文的几个问题，正在研究，我以为给雪苇看是好的，我也看了，并向他提出几点意见，主要一点我感觉似乎被动了一点，如

① 指耿庸写的批评冯雪峰谈《阿Q正传》的文章。

对方说阿Q是“劣根性”表现。他就找出大批材料证明今天新中国人民身上精神奴役创伤是“累累的”，并引加里宁关于社会主义共青团的话等，这不仅显得笨重，不能解决问题，也容易使人同样引文摘句地来纠缠，一纠缠反而不容易搞清楚。再如，对方说阿Q是被作者枪毙了的。于是他就大量发挥阿Q的革命性，并说大团圆是预言廿年以后的中国革命胜利。这样说我也觉得被动而不妥，并且也没有说服力。倘再加强调，就更容易造成自己论点的不统一了（至少读者会这样认识）。实际上对方说的那一面也不能完全否定，因为那正是从作者要求的“自觉的企望”，是从“哀其不幸，怒其不争”的基本命题出发的。倘这基本命题不能很好地贯注进去，在分寸上，就片面了。我觉得那篇文章，基本点是击中了。引杜勃洛柳波夫那句话：“最后的最弱者，提出的控诉是最强的。”（大意）说明了问题。总之，我希望他压缩一下，因为我觉得行文杂乱了一点。概念不是很清楚的，不是前后有序、层层深入下去。

重点也不够突出。这大概不是一口气写下去的缘故罢。在文字上也的确有毛病。他的文字我总觉有些做作、不自然、喜堆砌，这的确不好。我的意见已全部向他提出了。现中晓和罗洛也正在看，看后也会提出意见来的。

关于时代被吃掉，似已成定局。将来发展一定会如此的。满涛自然不去，包也决定不去，打算请他到新文艺来。《别林斯基选集》原想送你两册，你既要一平装一精装，那么，先将平装的一本寄上。满涛现正在写一篇后记，打算附在二卷末，我已读过，不坏，提了些意见，现正在修改中。你不忙的话，将来打份样子寄你，再提意见。如果时代认真一点，我想第二卷月底可出版，但我对时代的工作是一点信心也没有的。最近雪苇也写了一篇关于《故事新编》的文章，基本上是为鲁迅辩护的。大意说这部作品既不可作为反历史主义的借口，也不可列入教授文学。意见是好的。但材料占全文的三分之二篇幅。他叫我提意见，提了，他说是对的，可是否有时间补充还不一定。

现在他开始工作了，一工作又不知要做些什么。我劝他不要编刊物，他来做肯定表示。至于我自己，成天就这么过去了，会不开是不成的，事务不管也是不成的。但晚上还可看看书。下月初打算争取休假半月(大概没问题的)。

你有什么好书好的文章介绍给我看么?……当成宝贝一样藏起来的事,也是滑稽的。但我们关心的是你留京呢还是回沪呢?有时间经常来信罢!

握手

化

1952 年 9 月 7 日

今天到社办公,看到你和亦门给耿的信。亦门提出阿 Q 革命性与“精神胜利法”矛盾问题,指出这是“胜利的形式,屈服的内容”,是“既反抗又逃避的东西”,这一点非常之正确,正是我想说而未说的话。这个修改是必要的,否则说得笼统模糊,别人可以抓住这个漏洞。——又及。

1952 年党内整风,上面提到的那位同志已经到北京工作,他专门写来了揭发信,揭发王元化和胡风关系密切,并说王元化如何为路翎捧场等。其实,当时王元化并不太喜欢路翎的小说。他和胡风说过,自己比较更喜欢贾植芳的《人生赋》。

胡风《三十万言书》封面,湖北人民出版社 2003 年版

不久,开始了批判胡风的思想,王元化很有抵触情绪。后来,冯定同志找他谈话,对他起了影响。新中国成立初,王元化在华东局宣传部工作时,当时宣传部长是舒同,副部长就是冯定。北京开始批判胡风后,冯定专门找王元化谈话。那时他的想法很幼稚简单,认为文艺界有宗派,而党的最高领导是完全正

确的,可是由于全国刚解放,诸事待理,还来不及过问文艺方面的事,一旦过问,许多问题就会迎刃而解了。他还认为苏联也是这样的。①

冯定和王元化谈话时,向他严肃地说,毛主席把胡风的全部著作都读过了,认为胡风是反马克思主义的,叫他划清界限。

王元化听了震动极大。冯定还跟他说:

“你不能跟胡风走,你应该跟党走。”

王元化听了内心矛盾之极。他说:“胡风有些文艺观点我是赞同的,如果我马上就划清界限,那是假的,我希望组织上在这方面能够帮助我。目前我所能够做的,就是不再和他们来往了。”

在批判胡风的运动开展之初,中共中央下达过一个红头文件,要求文艺界所有的党员都站出来写批判文章。2 月 5 日和 7 日,中国作协主席团召开扩大会议,决定展开对胡风的资产阶级唯心主义文艺思想的批判。从此,一场全国规模的胡风思想批判全面铺开。胡风在全国各地的朋友们纷纷表态,或真诚忏悔,或听从胡风的劝告,积极表态以保全自己,安然过关。然而胡风自己已无法回避。

3 月 6 日,王元化在上海《解放日报》发表《胡风的反马克思主义的立场观点》。3 月 29 日,《人民日报》将王元化的这篇文章,改题为《“潮流派”小集团的鬼影》。

3 月 9 日,彭柏山在《解放日报》上发表《论胡风创作思想的反马克思主义观点》。

3 月 15 日,绿原在新出版的《文艺报》上发表《我对胡风错误思想的几点认识》。

4 月 15 日,鲁藜在新出版的《文艺报》上发表《唯心论魔术师》。

几乎所有的朋友都拿起了笔。上海的贾植芳虽不情愿,但还是写了应付性的批判文章寄给《人民日报》,结果认为写得太简单被退回。他又改寄《文艺月刊》。4 月 6 日,曾华鹏在《解放日报》上发表《揭开胡风“写真实”的外衣》。

历时几个月的批判,调子越来越高。

① 王元化的这些想法,在他当时写给胡风的信中都表现得非常清楚,现在看来显得简单幼稚。

作为党员作家，而且又是被称为“胡风派老窝”的新文艺出版社的领导人，王元化不能不有所表示，如前所述，他接连发表了两篇批判文章。从文章的论点看，与他原来的人格印证论主张并不相符，显然是应付之作。对此，王元化后来感到很后悔，他说：

1954 年，我调到上海文委，年底，全国开展了批判胡风的斗争，来势凶猛，从思想问题很快上升到政治问题。这时，彭柏山把我和孔罗荪叫到市委宣传部，他拿出刚刚发下的红头文件对我们两个人说：“中央责令每个党员都要写批判胡风的文章。这件事很严重，是毛主席亲自抓的，我也要写，你们也要写。”

谈话回来不久，果然柏山写了，我也写了。这是我一生中所写的至今内心深以为疚的文章。①

事实上，当时的领导，习惯于用搞批判运动的方式来处理文艺问题，事情一到这个地步，就没有讨论的余地了，剩下的只有表态赞成或挨批受斗的份儿。所以当时是一片批判声讨声，就连胡风自己，也只得写检讨，并且动员他的朋友赶快起来批判他，希望能帮助他们得到解脱。但这种估计是幼稚的。对方是政治斗争的老手，他既然已摆开了阵势，而且已准备好了反党、反革命集团的帽子，岂能容你轻易逃脱？自我检讨和授意批判都无济于事，反而要被扣上一个“假”字，罪加一等。于是，与胡风有直接或间接关系的人，一个个被“揪”了出来，甚至与胡风的朋友相识或通过信的人也被牵了进去，株连之广，前所未有。王元化自然不能幸免。

“胡风反革命集团案”是新中国成立后文坛的第一大冤案，这桩长达 25 年的冤案一度使数以千计的人遭到株连。

1955 年 4 月底，张春桥接任上海文委书记并兼任反胡风专案组成员。这个大左派上任伊始，就将王元化隔离审查，要他交代与胡风的关系。王元化与胡风本来就交往不多，用人、出书等事都属正常工作，所以问题很快就查清楚了。但是，他不能同意上面定的调子，对一些问题

---

① 王元化：《我与胡风二三事》，2008 年 5 月 16 日《文汇读书周报》。

持有自己的看法。比如，他说不能因为胡风与周扬的文艺观点不同，就将胡风打成反革命，而且还为张中晓辩护，说他是一个纯朴的青年。这些话便都成为他对抗组织审查的新罪证。而且事情还上纲到对待毛主席的态度问题，因为这个案子是毛主席定的，怀疑此案的正确性，就是说毛主席也可能有错误，这更是属于“恶毒攻击”的罪行。张春桥说他态度不好，经常顶牛，所以必须从严惩处。这个日后在“文化大革命”中青云直上、作恶多端的张春桥，此时虽然尚未大得志，但喜欢整人、戏弄权威的脾气已经养成。他后来大权在握时，制订过一项违背法律常识的办案原则，叫作“罪行不论大小，关键在于态度”，这等于说：只要你驯从，按着上面定的调子唱戏，即使罪大恶极也可从宽处理；而敢于实事求是据理抗辩者，就是无罪也要重判。当年他虽尚未形成如此明确的条规，但已按着这个思路来办案了。好在市委领导人中还有头脑较为清醒者，不同意张春桥按态度定罪的处理方法，事情得到了缓冲。后来周扬发话，说王元化是党内为数不多的具有较高马克思主义文艺理论修养的学者，人才难得，只要他肯承认报上公布的关于胡风集团三批材料属于反革命性质，承认胡风是反革命集团，就可以放他出去。于是上海市公安局长亲自到隔离室里来交代政策，他对王元化说：我们

1993 年 9 月 16 日，王元化等与胡风夫人梅志（右六）一起参加“胡风生平与文学道路展览”

这里碰到的人多了，什么国民党特务、反动军官都有，谁都没有你这样顽固，现在给你一个机会，只要你承认胡风是反革命集团，就放你出去，如不承认，则后果自负，给你一个礼拜时间考虑。

王元化后来回忆说，这一个礼拜，他简直没有睡觉，思想斗争非常激烈。有时心想，不如就承认胡风是反革命算了，反正胡风与自己非亲非故，而且这个案子又不是由他承认不承认来决定的，如不承认，说不定自己会被流放到新疆去，而且还会影响到父母妻儿的生活；但是，从小接受的家庭教育又阻止他这样做，父母一直教导他做人要诚实，不能说假话，而且他的一本论文集就取名为《向着真实》，追求真实是他的人生信条，决不能违背。对于胡风的文艺思想，他本来就有不能认同的地方，如宣扬自我扩张，强调主观战斗精神，以及对路翎的评价等，但胡风反对机械论和教条主义他是赞成的；而说胡风是反革命分子，他则始终认为缺乏证据。所以反复地考虑了一个礼拜之后，他的回答仍然是：胡风的文艺思想有问题，但在政治上不是反革命。这是他当时的真实认识。

多年以后，他在一篇自述文章中，用精神危机来概括这场经历说：我的内心发生了大震荡。过去长期养成的被我信奉为美好以至神圣的东西，转瞬之间被轰毁了。我感到恐惧，整个心灵为之震颤不已。我好像被抛弃在无际的荒野中，感到惶惶不安……

1986 年 1 月 16 日下午，参加胡风追悼会的部分同志摄于木樨地胡风寓所

李子云在文章里回忆，她在宣传部文艺处听说，周扬提出，只要王元化承认胡风是个反革命分子，就可将他作为人民内部矛盾处理，“但王元化认为这个结论缺乏有说服力的证据，予以拒绝。”

李子云发出感慨：“领导曾给了他逃出‘阶级敌人’厄运的机会，他居然不接受。结果他是戴上‘胡风反革命分子’的帽子出来的。许多人为之惋惜，我则为之惊讶！这是什么样的骨气！这种傲骨真有一种遗世独立的悲壮！我不由得修正了过去对他的成见。我开始悟到不能以某些浮面的表现来论人。他身上的‘骄横’之气，并非无端的自负，其实包容着一副不屈的傲骨。人是需要骨气的，这样才能在突发的灾难面前保持住起码的尊严。”①

① 李子云：《我所经历的那些人和事》，文汇出版社 2005 年 1 月版，第 203—204 页。

哲学的魅力

——王元化与冯定

在20世纪30年代左翼文化运动中心的上海，冯定已是广大进步青年敬慕的理论家，新中国成立初期他的代表作《平凡的真理》和《共产主义人生观》，更成为传播颇广的通俗理论读物。

哲学家、教育家冯定，30年代用贝叶的笔名发表了大量有关青年思想修养的文章

王元化先生是30年代与冯定结识的，他青少年时代就读过冯定以贝叶为笔名撰写的书，1939年和新中国成立初分别在新四军和华东局两次和冯定相聚。冯定是他的领导和前辈，他对冯定的人品和作风，深表敬仰。

90年代，王元化在回忆冯定时说过，在我未认识冯定之前，就已经知道他了。

抗战前日寇侵略日渐加剧，国民党政府腐败无能，中国人民大众陷入了痛苦的深渊。那时党所领导的左翼文化运动，取得了节节胜利，形成了鼓舞人心的轰轰烈烈局面。30年代是左倾思想日见抬头的年代，当时西方有不少的文化名人都开始左倾：如罗曼·罗兰、纪德、德莱塞、斯坦贝克、巴比塞等，都因为反法西斯主义而倾向了左翼，甚至曾被列宁批评过的费边社中的萧伯纳，也曾说过“20岁的中国青年，如果不思想左倾，那一定是没有出息的人”。中国的左翼文化在群众中也正在迅速扩大它的影响。王元化就是在北平参加“一二·九”学生运动时，开始思想转变的。他当时以极大的热情去寻找左翼读物来阅读，虽然这些报刊书籍是被查禁的，但是如饥似渴的读者总是千方百计设法去得到它们。正是这些书籍报刊引导他们那代青年走上了抗日救亡之路,也引导进步青年探索马克思主义革命思想。当时这种影响是巨大的,他们虽然读了不少左翼文学的作品,但是注意到并认识到中国的社会问题和革命问题,却是在读到马克思主义理论以后。王元化还说道:

30年代左翼思想文化战线,在上海拥有一批才华出众、思想睿智的人才,他们完全战胜了统治者的御用学者,使这些为虎作伥的御用文人无法与进步力量抗衡。冯定就是这批左翼思想文化战线中的一员。其他还有艾思奇、钱亦石、孙冶方、骆耕漠、薛暮桥、李平心、许涤新、胡绳、顾准、金仲华等等。自然,邹韬奋主持生活书店和他所创办的进步刊物,也在青年中起了很大作用。我在"一二·九"学生运动后,参加了"民族解放先锋队",曾和其他队友一起学习左翼理论著作,比如艾思奇的《哲学讲话》(这本书曾在刊物上连载,出单行本后被查禁,抗战初改版,书名改称《大众哲学》)。至今美国唐德刚教授还说他青年时读了《大众哲学》,才跨入哲学领域。当时李平心主编的《自修大学》在青年中也极有影响,在这刊物上,我读到贝叶的许多文章:如《谈新人生观》《哲学的应用》等等。当时贝叶的《青年应当怎样修养》(生活书店出版)影响最大,我觉得贝叶的文章分析翔实,说理透彻,特别有一种平易近人的风格。当时我就受到他的一定的影响,并且留下了深刻的印象。[①]

其实,那时王元化还不知道冯定这个名字,只知道贝叶,他觉得这个名字很奇怪,一个青年朋友告诉王元化说"古代,印度的佛经不是写在纸上,而是写在一种叶子上,这种叶子就叫贝叶"。当时他们只觉得很好奇,曾经一起议论,为什么要用贝叶这样的笔名。觉得用贝叶的笔名的作者有些特别,不像艾思奇这个笔名那样容易理解。艾思奇的意思就是"爱"思奇,很大众化。而贝叶这名字则多多少少带有一些古奥的意味。直到后来王元化才猜想用贝叶作笔名,大概是表示一种类似

① 王元化:《认识冯定》,摘自《平凡的真理非凡的求索——纪念冯定百年诞辰研究文集》。

宗教的虔诚，意味着用自己的文字来传播马克思主义的经典思想。这就是“贝叶传经”这一古语的今用吧。

抗日战争爆发后，全国掀起了抗日救亡高潮，抗日统一战线迅速扩大，出现了第二次国共合作。日本侵略者在中国土地上烧杀掳掠的暴行，激起了广大人民的愤慨，日军占领了平、津，当时王元化仅 17 岁，随家人一起流亡到上海。1938 年初，王元化入了党，被分配在由孙冶方任书记，顾准、曹荻秋任副书记的文委领导下从事文艺工作。1938 年底地下党文委派殷扬（后改名杨帆）和王元化率领 20 余名文艺青年随上海各界救亡联合会所组织的联合慰问团，前往第三战区进行慰问，党交代的任务是把 20 多位文艺青年及携带的抗日报刊与医药用品等，送往安徽泾县新四军军部。慰问团行至金华，由于受到国民党干扰，殷扬嘱咐王元化带一名同志先行。行前，殷扬写了一封临时介绍信，介绍信由王元化带往新四军给贝叶，转交党组织。原来上海党组织的正式介绍信藏在一支未使用的牙膏管内，等杨帆到达新四军军部后，再交党组织。

王元化随新四军交通员阿陀，由金华出发，经岩寺、太平，到了泾县。来到新四军军部的接待处，要将介绍信面交贝叶，可是接待处工作人员一时不知贝叶是何人，几经周折，才弄清楚原来贝叶就是冯定。冯定当时在新四军宣教部任科长，宣教部部长是朱镜我。王元化被领到宣教部见到了冯定，这是王元化和冯定第一次见面，冯定非常热情地接待了他。

王元化发现冯定穿一身灰色的军装，军装的右臂上缝一块新四军的徽号，上面印着“抗敌”二字，字下面有一个端着刺刀冲锋的军人的木刻像。王元化那时不满 20 岁，感到冯定要比自己大得多，思想水平也要高得多。王元化在战前就读过冯定的书，认定他是自己心中敬慕的人，所以初次见面不免有点忐忑。但冯定满脸笑容，态度平和，不把王元化当作一个青年，而是当作熟朋友一样。王元化发现冯定个子不高，身材比较瘦小，脱了军帽是一个剃去了头发的光头，戴着眼镜，脸上皱纹也很多，但是精神饱满，虽然说话声音微弱，但是精力充沛，使人感到他是一个很容易接近的人。

在宣教部时期，王元化每天和冯定在一起。冯定领他去见宣教部长朱镜我,朱当时患有严重的胃病。冯又领他去见新四军政治部主任袁国平,袁留王元化在他那里吃了一顿中饭。

冯定与王元化相聚的那些时间里,他总是那样兴高采烈,眉飞色舞,情绪兴奋地谈论。他对陈毅十分钦佩,曾多次劝王元化到陈毅(当时新四军第一支队司令)部队活动的金坛一带去看看。有一次,冯定又要王元化回上海去看看他的堂弟冯宾符,并说冯宾符还不是一个党员,希望王元化回上海后,对他起些影响。冯定与王元化说这话时,完全把王元化当作同辈看待,并不像对一个不满20岁的后生说话,这使王元化不免有些惶然。但冯定的态度是自然的,没有丝毫做作。王元化在战前读中学时就读过冯宾符发表在《世界知识》上的不少文章,知道他当时已是一个有名的国际时事评论家,后来在上海沦陷期间,冯宾符在储能中学主持校政,曾邀王元化去教书,从此,他们二人之间也结下了友情,但王元化始终没有将冯定讲的那些话说给冯宾符听。这件事使王元化认识到当时比自己年长一代的左翼文化人,虽然早已闻名,但是丝毫没有摆名人架子的陋习,而总是虚己服善,平等待人。

王元化记得,当时冯定和他谈话中,印象最深的是关于大城市的许多知识青年,由于要求抗日,追求真理,纷纷涌往中共领导的解放区的问题。他记得很清楚,冯定曾谈到知识青年到解放区后往往要经历三个阶段:未到解放区前是满怀热情,带有主观的一些幻想,以为解放区一切都新,一切都好,一点缺点也不存在;但是到了解放区之后,亲眼所见,亲耳所闻,往往不如自己主观幻想的那样美好,因此未免失望,甚至灰心丧气,以至一蹶不振。冯定说从这一阶段跨到下一阶段是一个很重要的步骤,主要看青年如何磨炼自己,克服自己的主观幻想,使理想和现实趋向一致,达到完善的融合,这才能够成为一个革命的战士。他清楚地记得,冯定讲这些话时,完全像一个理论家那样,时而陷入沉思,时而滔滔不绝地阐发自己的观点,这和当时新四军其他老干部有很大不同。纵使在解放区,冯定的思想方式和语言表达方式,还是和他在上海从事文化工作时一模一样,他已经习惯于把具体的事物上升到理论。这一点给王元化留下的印象很深,直到十多年以后,上海解放不久他被分配到华东局与冯定重新见面,他发现他身上的这种特点始终不变。

上海解放初,王元化被分配到华东局宣传部工作了一个短暂的时期，那时华东局的宣传部部长是舒同，副部长只有一位就是冯定。冯定在华东局宣传部工作，时间并不长，大约只有两三年光景，而王元化在华东局宣传部工作时间更短，只有半年光景，不久，他与刘雪苇一起被派去负责新文艺出版社的工作。

王元化在华东局宣传部工作时期，再一次与冯定相会，这是他们分别十多年后的第二次见面。王元化回忆说："在华东局宣传部工作中，我发现冯定有着真诚坦荡的胸襟，这给我的印象很强烈。他的办公室内，摆满了琳琅满目的书报，有中文的也有外文的，这不仅在当时领导人办公室中是罕见的，而且也是以后在其他领导人办公室中难以见到的。有一次，在他召开的小会上，他做了工作部署，突然加进了一段插话。他讲到西方的耶稣会教士，为了传播他们的宗教信仰，历尽艰难困苦，不怕危险，深入人迹罕至的中国腹地，与当地的居民打成一片。冯定认为传播自己的信念和真理，就应有这样的勇气。他说这段话，距今有半个多世纪过去了，我还记得他当时谈话的神态。由于高度的兴奋状态，他似乎恢复了当年我在新四军时见到过的那种青春活力。这时我和他虽然没有什么交往，但是我隐隐感觉到他在思想深处有一种锲而不舍的追求真理的精神，这种精神使他在'三反'运动时期写出了那篇被中央所肯定的论资产阶级两面性的文章，也使他写出了后来极有影响的《平凡的真理》。在后面这本著作里，他提出了许多使人深思的看法，其中最使我难忘的就是对个人崇拜的批评。据我所知，他似是最早提出这一观点的理论家，这不禁使我对冯定的卓识感到深深的敬佩。"

《平凡的真理》书影

王元化在华东局工作时期，在与冯定的接触中，还有一件事也是使他不能忘记的，那就是在部长会议室内举行了一次民主生活会，当时这种民主生活会在党内是常常召开的，几乎每个月都有一两次。那次在部长会议室所举行的民主生活会规模很小,只有十来个人,王元化也是被指定参加者之一。会议的内容主要是部长之间进行批评与自我批评,当时的部长除了舒同、冯定之外,又调来一位新的副部长,所以已经增加到三个人了,三位部长都参加了,而发言者主要是冯定对舒同提意见,冯定认为舒同在许多事情上不够放手,以至本应由冯定分管的事,他都感到难以着手,甚至下面人来汇报也都跳过冯定,而向舒同去汇报了。冯定说,他在副部长的岗位上感到有些无所作为。这时那位新来的副部长插话说,我们做副部长的就是给部领导做助手,我觉得要做的事来不及做,怎么能说无所作为呢?冯定没有回答,仍按照原来的顺序讲下去,他是一个胸襟坦诚的人,习惯把自己心中所想的如实地讲出来,这种讲真话、开诚布公的态度,给王元化留下了极深的印象。他在发言中继续说,自己的思想深处,有时有一种悲观的情绪袭上心头。王元化觉得这是不足为怪的。不料那位新来的副部长又插话说,一个共产党员怎么会有悲观情绪呢?所以王元化听了颇为反感,认为这样的发言是言不由衷、屈从上意的。

王元化觉得这位新来的副部长和冯定代表了党内两种不同作风。他钦佩冯定所表现的那种胸怀坦荡的态度,希望讲真话的同志越多越好,这才能抒发党内正气,并达到真正的党内团结。可是不幸像冯定这样的同志,在后来的历次运动中往往由于真诚而遭到了灭顶之灾,使讲真话的人越来越少了。这是值得好好反省的。

“雪峰是一位很好的人”

——王元化与冯雪峰

冯雪峰(1903—1976),原名福春,笔名雪峰、画室、洛扬等。现代著名诗人、文艺理论家。浙江义乌县赤岸乡神坛村人。1919年,考入金华省立第七中学师范科,接受“五四”新思潮。1921年,因参加反对学监的风潮,被学校当局开除。同年秋,考入浙江第一师范学校,开始写作新诗。他曾三次寓居虹口,拉摩斯公寓(今四川北路2099号)是其第二寓所。1930年5月,鲁迅迁入该公寓,他随即也迁入该公寓的地下室。“左联”五烈士牺牲后,他调任为“左联”党团书记,与鲁迅编辑出版《前哨》,纪念五烈士;他将瞿秋白介绍给鲁迅,促使鲁迅和瞿秋白共同领导左翼文化运动。

冯雪峰

1936年,王元化在北平育英中学就读时,与同学夏淳、李克一起秘密加入了中国共产党的外围组织“中华民族解放先锋队”(简称“民先”),这是他革命生涯的起点。

从这时候开始,王元化就非常熟知冯雪峰。据他回忆:“1937年‘七七’事变后,日本兵占领北平,我在日本兵进北平那天逃难到上海。我1938年初入党,认识了孙冶方、顾准、林淡秋等。我在北平时读了鲁迅很多文章,也读了冯雪峰的文章,知道他和鲁迅的关系密切,所以对他很敬重。但我到上海时,冯雪峰已离开上海,没有能够与他见面。”①

丁玲与冯雪峰,都是“左联”时期的老作家,而且两人感情很深。

① 王元化:《我所认识的冯雪峰》,2008年6月30日《文汇报》。

有一次，王元化对曾经担任过丁玲秘书的王增如同志说：

鲁迅全家与冯雪峰一家

我对丁玲了解不多，但对冯雪峰很熟悉。我认为雪峰的许多文章，如《乡风与市风》《有进无退》都写得很好，今天读来仍令人钦佩。①

抗战期间，王元化因为爱好文艺，已开始发表一些习作。他原来党的关系在学生界，后来就调到文委系统。当时上海虽然是“孤岛”，但与内地关系还没有完全断绝。有许多进步的文化工作者集中在金华，骆耕漠、邵荃麟、葛琴、刘良模等都在金华。他们之中有人有任务到上海来，就与上海的同志见面。在新四军的党员作家辛劳有时从皖南到上海，他说他见过冯雪峰（可能在义乌或金华），带来雪峰的消息，他曾说到冯雪峰很关心上海“孤岛”的文艺活动，说冯雪峰认为王元化等几个搞理论的人的文章不错。

1941 年 3 月，上海地下党文艺总支由黄明任书记。那时，党中央正确地估计到日寇将会南进和英美交战，租界可能会沦陷，上海局势将会发生很大变化。为此，地下党准备将比较暴露的王任叔、林淡秋等党员作家隐蔽至华中根据地，由比较隐蔽的王元化、肖岱和总支书记黄明组成负责文艺工作的党的组织。王元化分管《奔流》文艺丛刊，并联系文学组方面的党员以及党外人士。满涛是张可的胞兄，《奔流》编辑部设在满涛家里，实际上也就在张可家里。1941 年七八月，上海地下党成立文艺工作委员会，黄明任书记，王元化、吴小佩为委员，王元化负责联系原文艺总支。

① 王增如：《听王元化谈丁玲冯雪峰》，《世纪》2006 年第 2 期。

《奔流》利用租界的特殊地位，一方面揭发日寇的暴虐和国民党的阴谋，一方面继续坚持现实主义原则，扩大我党的思想和文化影响，并对文艺界出现过的反动逆流进行斗争。《奔流》停刊后，又出《奔流新集丛刊》，出过两集，一集叫《直入》，一集叫《横眉》（是茅盾题写的字）。楼适夷用真名发表了《怀雪峰》，因为当时冯雪峰生死不明，有种种谣传，就以为他已不在人世。当时雪峰的才华、看问题的深度都被人所敬重，楼适夷的文章也代表了当时上海地下党中的许多人对雪峰的感情。因为冯雪峰是有名的共产党人，丛刊因此被禁。

在王元化的心目中，“雪峰是一位很好的人”。在他晚年与人谈起冯雪峰时，元化先生就会滔滔不绝。第一句话就说：“雪峰是一位很好的人。”确如他自己所说，他在文坛上单干，是个“单干户”。王元化认为，也正因为这一点，今天写到冯雪峰的文章不多，对他的评价也嫌不足。

王元化与冯雪峰在上海第一次见面，是在抗战胜利以后，他从内地回上海时，从此结识缔交。那时王元化与魏金枝、林淡秋、满涛等人经常在魏金枝任教的南屏女中见面，讨论文艺问题。他们一起办过《现代文艺丛刊》（第一辑名《新生》）。冯雪峰也在这个刊物上发表过文章。王元化回忆说：“冯雪峰对我们几个人说过，有一天晚上，他与毛泽东在树林里散步（长征时），毛泽东对他说了许多对鲁迅的看法，毛泽东很喜欢鲁迅的杂文，在延安文艺座谈会上对鲁迅评价很高。并不像后来有些人所说，毛泽东喜欢鲁迅只是为了政治需要。鲁迅打‘落水狗’的精神与毛泽东主张的斗争哲学有共同之处。冯雪峰很耿直、直率，说话不考虑人际关系。为什么毛泽东后来不喜欢冯雪峰？我听说因为冯雪峰写过文章，说关于文艺的政治性和艺术性要‘反问三次……’这是针对毛泽东在延安文艺座谈会上所主张的政治标准第一的观点。”[①]还说，“我向来喜欢雪峰的理论文章。在30年代的文艺理论家中，我以为雪峰最有才华，他写的《有进无退》《乡风与市风》等书

---

① 这篇文章就是冯雪峰在1946年写的《题外的话》，收入《雪峰文集》第2卷，第365页。文章中写道：“什么是先生所说的政治性？只要一连反问三次，恐怕说的人也会不知所答的罢。”

都很深刻。毛泽东说过他喜欢冯雪峰的文章，朱自清在清华大学任教时指定《乡风与市风》作为学生的课外阅读书。”①

王维周、王元化合译的《太平天国革命亲历记》

新中国成立之初，王元化曾在时代出版社工作，冯雪峰把他的全部作品送给王元化，要其读过之后写篇评论文章。但是，由于王元化接连在政治运动中遭难，文章一直没有写成，而冯雪峰所送的那些著作，都在“文革”中被毁了。

20 世纪 50 年代中期，王元化被打成胡风反党集团骨干分子，降级降薪，赋闲在家。他自忖：“在家里总得找点事情做，不能靠老婆养活呀。”于是他就找了一本英国人呤唎写的《太平天国革命亲历记》②来翻译，后由上海人民出版社出版。

《太平天国革命亲历记》这部书的作者是呤唎，19 世纪 50 年代初他以英国海军低级军官身份来到上海，后辞去军职经商，在上海附近太平天国辖境收购蚕丝。其间，细心观察太平天国情况，还去苏州拜见了忠王李秀成。李秀成让他住在府里，享受最友好的款待，向他介绍太平天国情况，并发给他一个通行证，允许他在太平天国辖区内自由往来。后来，呤唎为太平天国采购到大批欧洲军火和粮食，还帮助太平天国训练军队，一同参加战斗，并身负重伤。他还了解了太平军内部的许多详情。回到英国后，他把自己在太平天国的经历写成一本书，《太平天国革命亲历记》一书的扉页上写着：“献给太平军总司令忠王李秀成——如果他已去世，本书就作为对他的纪念。”

---

① 王元化：《我所认识的冯雪峰》，2008 年 6 月 30 日《文汇报》。

② 《太平天国革命亲历记》，中华书局上海编辑所（上海古籍出版社前身）1961 年版。著者为英国呤唎（A. F. Lindley），王元化与父亲王维周先生合译。书出版时单署王维周名。

冯雪峰被打成右派后，门可罗雀，在北京看到王元化的这部译著，十分感兴趣，萌发了创作长篇小说《太平天国》的想法。为了熟悉太平天国人物的生活环境，他还专门到书中提到的地方走了一遍。

文 化 昆 仑

——王元化与巴金

巴 金

今年 11 月 25 日，是巴金先生诞辰 105 周年纪念日，王元化先生也离开人世一年多了。

王元化与巴金，一位是思想大师，一位是文坛泰斗。他们都是上海城市文明、城市精神的象征，是上海乃至中国思想文化界标杆性人物。1996 年，元化先生与巴金老人还一起被授予上海市文学艺术杰出贡献奖。虽然他们两人已经去世，但是基于他们的杰出贡献，值得我们永远怀念。

感念"文化窗口"

巴金长王元化 16 岁，王元化早年深受巴金等人的文学熏陶，并一直视巴金为自己可敬可畏的师长。王元化曾经说过："我 15 岁时开始接触文艺，巴金创办的'文化生活社'对我来说，虽然不是唯一的，但却是最大的文化窗口。我对文学作品的理解、文学水平稍有些提高，都跟这个窗口很有关系。"①"文化窗口"的影响和作用是巨大的，它不仅滋润着王元化这一代人，并且造福于后人。据此王元化认为，巴金这位世纪老人，不仅是上海的、中国的，而且也是具有国际影响的。一方面，他发现、鼓励年轻作家，把他们带到文学的道路上来。"文化生活社"主办的文学丛书，刊登了很多年轻作家的精彩作品，

---

① 王元化：《他具有国际影响》，2005 年 10 月 18 日《新民晚报》。

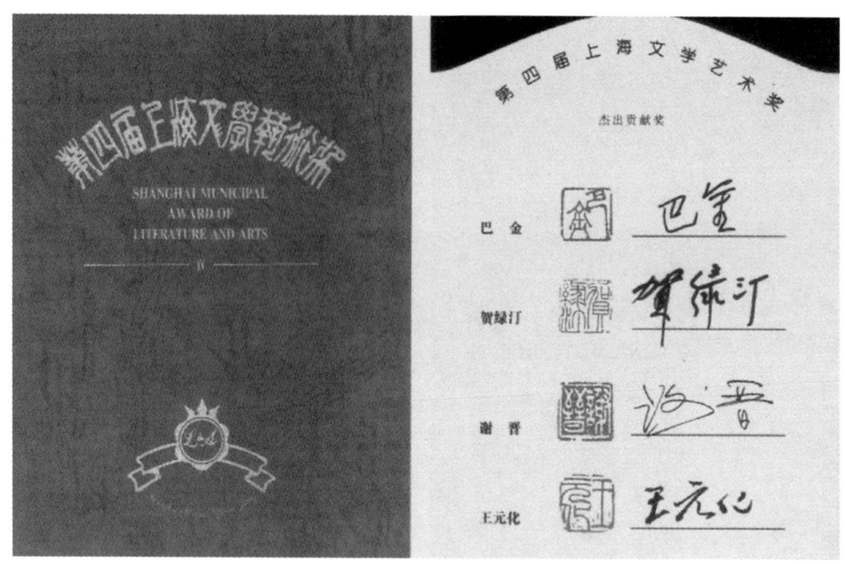

1998 年，王元化先生与巴金、贺绿汀、谢晋同获第四届上海文学艺术奖的杰出贡献奖

如曹禺等。另一方面，他向中国读者介绍了大量外国的文学作品，特别是俄罗斯作家的，如果戈里、屠格涅夫等，如果不是他将鲁迅先生翻译的《死魂灵》介绍过来，当时的中国读者恐怕还不会知道俄罗斯有如此伟大的作家和作品，他本人的作品也经过翻译后流传到其他国家，曾经在法国得了奖。所以说，他为中国文学与世界文学的交流作出很大贡献。

提倡"讲真话"

1978 年，巴金觉得自己的时间不多了，应该将心里的话说出来，也许对社会更有用。于是，他拿起笔，写下自己"随时随地的感想"。当《随想录》合订本出版时，巴金在《新记》中写道："我在写作中不断探索，在探索中逐渐认识自己……不怕痛，狠狠地挖出自己的心。"1986 年 8 月，巴金以他正直的灵魂和真挚的感情，抒写了一万字的长文《怀念胡风》之后，结束了全部《随想录》的写作。

《随想录》问世后，引起社会很大反响。随着时间的推移，人们对它的认识，更为清晰、深沉。许多人认为《随想录》是一部完整的

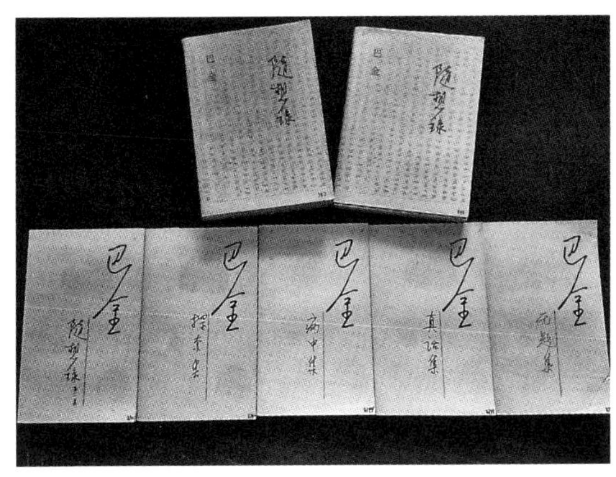

巴金的《随想录》在国内最早的两个版本(上为三联书店1987年9月出版的合订本;下为人民文学出版社1980年4月至1986年12月出版的单行本)

著作。一部无论在思想上、艺术上都是十年文学中的具有文献价值、思想价值、艺术价值的重要著作。王元化特别强调,认为这部作品对社会现象的分析,对作者自己思想历程的真诚解剖,都感人至深。“不论鲁迅的讽刺和巴金的激情在文学的风格上存在着多少悬殊,但有一点是共同的,那就是他们都有着分明的是非和强烈的爱憎。”

冯牧在《这是一本大书》一文中也认为:“这是一本反映了时代声音的大书,而不是五本小书。这150多篇文字从众多侧面反映了我们时代和历史发展的一个清晰面貌,里面包括了作者对于社会生活、思想生活、精神文明和道德情操的富有启迪意义的思想光辉。我很同意这种看法:这部巨著在现代文学史上,可与鲁迅先生晚年的杂文相并比。”作家张光年曾说:《随想录》“真是力透纸背、情透纸背、热透纸背。他在很多篇章里,毫无保留地深刻剖析自己的灵魂。实际上,他是在剖析我们的时代,我们的社会,我们一代知识分子的心灵。……我们珍视这些文章,因为这是巴金全人格的体现,是巴金晚年最可贵的贡献”。

《随想录》不仅高度真实、真诚,而且有高度的历史感。这150多篇作品,很快受到80年代中期知识界、文化界的普遍重视和尊敬。王元化将巴金的《随想录》与鲁迅杂文相比较,认为:“在解剖自己和解剖他们最痛恨的一些现象上面,他们极为相似。”“分明的是非、爱憎,同鲁迅一样强烈。”“他的恨是从爱激发出的,他爱得深，才恨得急切。”下面是王元化写于1986年9月23日的《谈巴金的〈随想录〉》[1]全文：

巴金的几本《随想录》，虽然有不同的书名，但都可以用“真话”两个字来概括。

最近有一位作者说，学会讲话只要一两年就行了，学会讲真话却往往是一辈子的事。确实，讲真话是不容易的。在任何时候、任何地方，都敢于秉笔直书，说真话，这就需要有真诚的愿望，坦荡的胸怀，不畏强暴的勇气，不计个人得失的品德；同时，还需要对人对己都具有一种公正的态度。我在读《随想录》的时候，感到巴金既有一颗火热的心，又有一副冷静的头脑，所以能够用热烈的激情感染我们，用清醒的思想启迪我们。

巴金的散文一向是以热情闻名于世的。他今年已届82岁高龄了。但他并没有老年人的迟钝和淡漠，仍旧一如既往，焕发着青春活力。当我们读他所写的这些文字的时候，我们会感到他所燃起的火焰给我们带来了温暖，带来了光与热。如果说，巴金现在写的散文和年轻时写的散文有些不同，那就是在他老年的时候，更增加了对人生对世事的深透的思考，从而抓住了世事的真谛。我们都不及他对十年浩劫这场民族悲剧想得那样多，那样深，那样透彻，以至我感到他的这些话不仅是写给我们这一代人读的，也是写给后代人读的。有人曾告诫作家不要去正面写“文化大革命”，断言文学必须避免残暴和丑陋。可是，《随想录》的价值恰恰就在于揭示了“文化大革命”的真相，要我们痛定思痛，引起我们的深思。抉发弊端是为了医疗，我不想在这个问题上再作什么申辩。我只想指出，我们民族有着古老的传统，这有好也有坏。古老的文化给我们提供了传统的资源，可以使它和现代化的建设接轨。但是也要提防死的往往支配着后的。鲁迅以他的讽刺揭示了这一点，巴金以他的热情突破了“这个传统”。无论鲁迅的讽刺和巴金的激情在文学风格上存在着多少差殊，但是有一点是共同的，那就是他们都有着分明的是非和热烈的爱憎。

---

① 见王元化：《集外旧文钞》，上海文艺出版社2001年1月版，第114—115页。

巴金曾经说过，真正的文学家在写作的时候不会想到技巧。他的《随想录》是这样质朴无华，没有做作。也许有人会说它们显得朴拙，但是我认为这正是真话的本色。

王元化力挺巴金

我在元化先生生前与其多有接触，他曾对我说起一件事，在他担任中共上海市委宣传部长期间，由于巴金在香港报纸发表反思“文革”的随笔，惹得某领导很恼火。

王元化与巴金在交谈

因此，某领导人看不惯巴金，认为巴金是资产阶级自由化，准备把巴金的上海市作协主席拿下，然后再拿下他的中国作协主席。该领导找到上海市委领导，要求把作协主席让另外一个人当。市委领导找到王元化，王元化说，巴金当作协主席没有问题，如果你们觉得应该把巴金拿下来，你们就直接办，不要找我，我认为不该拿。就这样，他把这事顶回去了。结果，巴金没有被撤。

元化先生之力挺巴金，体现了正直知识分子的凛然之气。元化先生酷爱京剧，在京剧老生戏中，他最爱看的是《伍子胥》。他认为伍子胥那个时代的人，都有一种重然诺轻生死的侠义气概，正如莎士比亚剧中所常常提及的罗马人有一种壮烈精神一样。春秋时，侠士情愿为义而捐躯，我们岂能不谙此理……

正因为如此，王元化才敢于大声抨击：“长期以来，我们只喜爱豪言壮语，只追求宏伟目标和乌托邦理想，至于为实现这些理想和目标，会带来什么样的后果，老百姓要付多少代价，都可以在所不惜。这是一种只讲意图伦理的政治。但是，政治家更重要的还必须讲责任伦理。”

一起获得档案收藏证书

巴金老人从1991年开始陆续向上海市档案馆捐献他本人的档案资料，累计已达2 282件，其中有《致波列伏依的信》《随想录》《创作回忆录》等文的手稿，有他旅法时的护照、身份证和各个时期的照片，还有他当选第一至第三届全国人民代表大会代表的证书，以及他的一部分重要著作等。

元化先生从1993年以来，不仅将自己阅读马克思、黑格尔等人著作的读书笔记和个人的历史照片、录音、录像等资料捐赠市档案馆，还捐赠了大量文化名人的信函、读书笔记和照片等，其中有钱学森、赵朴初、匡亚明、吴祖光、于光远、夏衍、夏征农、周海婴等的信件3 133封，其他档案资料188件。

对此，上海市档案馆2000年9月向巴金、元化先生颁发档案收藏证书，以鼓励和褒扬他们慷慨捐赠个人珍贵档案资料，关心和支持国家档案馆事业的无私之举。

同襄上海文学发展基金会

上海是太平洋西岸有影响的城市。它是中国最早开放的城市，在20世纪初已成为中外文化交流的中心。中国现代文学大师鲁迅、郭沫若、茅盾、巴金、夏衍都曾荟集于上海，并在上海创作了他们的不朽之作。经济腾飞中的上海，要建成现代化的国际城市，在开展经济建设的同时，还须加快文化建设。为了给上海的作家、学者逐步提供某些创作及研究工作的条件，以推动和促进上海文学事业的发展，上海文学发展基金会应运而生。

这一基金会是由巴金和于伶、王元化三大文坛宿将，共同发起创建的，并由巴金亲自担任会长，于伶、王元化担任副会长。三位发起人邀集了文学前辈夏衍、著名学者赵朴初等为顾问。

1991 年 2 月 21 日，上海文学发展基金会宣告成立。巴金在日本获得的"福冈亚洲文化奖特别奖"中的 200 万日元，是基金会获得的第一批捐款。

巴金因身体不允，没有出席基金会这天的成立仪式，但他委托王元化先生作一发言。元化先生说："我们要建设一个高度文明、高度现代化的国家。要完成这个目标，文化事业是不可缺少的。基金会的成立，不是为了粉饰门面，而是为了推动中国文学事业繁荣和发展，为一些作家、学者提供某些创作及研究工作的条件，为培育一代又一代文学新人。"

诚如元化先生代表巴金所言，多年来，基金会没有粉饰门面，而是默默无闻，踏踏实实，为文化的发展做着力所能及的奉献。

钩沉历史，正本清源。当 20 世纪风云转瞬过去时，有必要对一些人们尚不熟悉的，或者说是一些被忽视的、被排斥的作家与作品，作一实事求是的介绍。这是一件很明智甚至是功德无量的工作。由上海文学发展基金会提供资助的"世纪的回响"丛书，可以被视为这方面的成功范例。

系统介绍"五四"以来的新文学作品的"世纪的回响"丛书共编过三辑，每辑十种，于 20 世纪 90 年代中后期编成。列名主编的是李子云、赵长天和陈思和，并得到巴金和王元化等前辈的支持。"世纪的回响"由巴金先生题签，元化先生还亲自提议并且请现代文学研究专家陈梦熊先生编辑了诗人辛劳的创作集。

王元化为辛劳的这本文集作序，他说："现在辛劳的名字已经很少有人知道，很少有人记得了。他的作品长久没有重印。各种现代文学大系都没有选入他的作品，现代文学史也没有提到过他的事迹，难道他真的将永沉于文学的忘川之中？我希望这本《〈捧血者〉及其他》[①]能够唤起人们对他作出公正的评价。"

人们赞赏沈从文优美的小说和散文，但是否还清楚他曾撰写过许多很有见地的批评文章。人们熟悉朱光潜的是他光彩照人的美学成

---

① 辛劳的这本文集后定名为《捧血者》，由珠海出版社于 1997 年 4 月出版。

就，但是却不知晓他自认为《诗论》是他的唯一的重要著作。人们了解卞之琳，是因为他的许多充满激情的诗歌，却不知他的小说《地图在动》是那么完美……“世纪的回响”向读者提供的正是沈从文的评论、朱光潜的诗论、卞之琳的小说……于是，人们从已经出版的三辑读到过去文学史著作里不怎么提到的作家和批评家，如许地山、废名、凌叔华、卞之琳、吴组缃、冯至、穆旦、芦焚、丽尼、辛劳和周作人、沈从文、林语堂、梁实秋、叶公超、李健吾、梁宗岱、朱光潜、李长之、路翎等人的作品……

“百年影徂，千载心在”

2003 年 9 月，元化先生为新华社高级记者赵兰英所著的《感觉巴金》(上海人民出版社 2003 年版)作序，题为《讲真话》。他说，兰英的这部书，大多是她在采访巴金时所亲历和所看到、听到的事。从这部书

各界人士吊唁巴金去世

里我们也看到了一个真实的巴金;一个忧国忧民、平易随和、乐于奉献的中国知识分子。

2005 年 10 月 17 日晚,文学巨匠巴金逝世。18 日上午,病中的元化先生,疾笔写下挽联:“百年影徂,千载心在——沉痛悼念我们的良师益友巴金。”这八个大字取自南北朝刘勰的《文心雕龙》的诗句,意为人活百年肉体总会消亡,但是他的心在千载后还会跳动,还留存在世。巴老虽死,却精神永存。元化先生认为,这也反映了他此时此刻的心情。

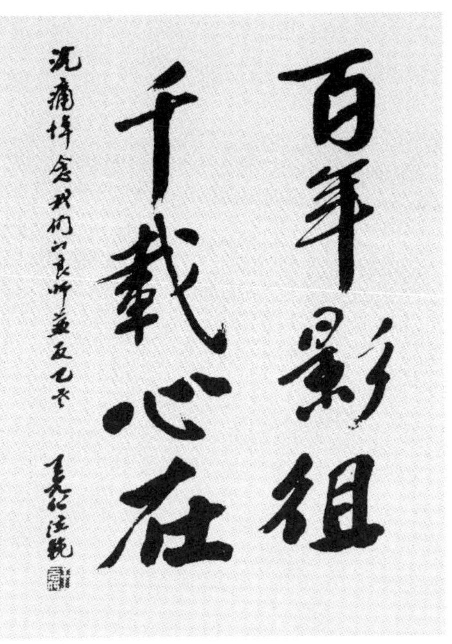

王元化悼念巴金挽联“百年影徂,千载心在”

元化先生还发表谈话,高度称赞巴金先生,他指出:“巴老是一个内心有激情,但不轻易表露的人。少年巴金说,‘我得到了一个小孩子的幻梦,相信万人享乐的社会就和明天的太阳同升起来。’作为和鲁迅、郭沫若、茅盾、曹禺等同时代的作家,巴金是最长寿的一个,安葬鲁迅时,他是为鲁迅先生抬棺的人。然后,那些与他相交甚笃的知识分子一个一个地远去。最后几年,巴老活得很痛苦,他活着,像

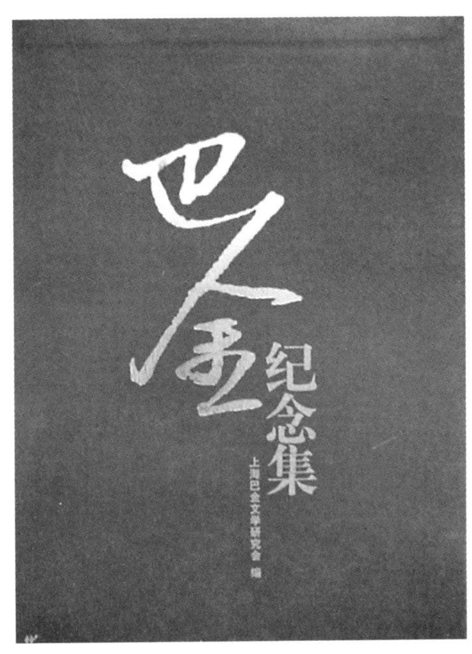

王元化手书的挽联收入《巴金纪念集》

一盏灯一样照着我们继续前进，勤奋写作，现在巴老‘终于’走了，他的去世标志着他身后那个伟大时代的结束。”①

王元化（前排右四）出席“把心交给读者——巴金摄影图片展览”开幕式

巴金走了，王元化先生走了，他们留下了一个长长的“独立之精神，自由之思想”的背影，元化先生所说的话语还将继续激励我们：“在任何时候、任何地方，都敢于秉笔直书，说真话，这就需要有真诚的愿望，坦荡的胸怀，不畏强暴的勇气，不计个人得失的品德；同时，还需要对人对己都具有一种公正的态度。”

① 2005 年 10 月 21 日《文汇读书周报》。

平淡而朴素

——王元化与林淡秋

林淡秋，又名林彬，浙江三门县人。1933年春参加革命，加入了“社会科学者联盟”。1934年夏，化名林彬，经“社联”介绍从沪来蔚斗小学任教。1935年初，回到上海，经“社联”调至“中国左翼作家联盟”，任常委兼组织部长。1936年加入中国共产党。在抗日战争的艰苦岁月里，受组织派遣至皖南新四军军部、苏中根据地工作。抗日战争胜利后奉命调回上海，进苏联塔斯社创办的“时代社”工作。新中国成立后，曾任上海《解放日报》编委、《人民日报》副总编辑兼文艺部主任、杭州大学副校长、中共浙江省委宣传部副部长和浙江省文联主席等职。1981年12月，在杭州病逝。

林淡秋

林淡秋是王元化在“孤岛”时期非常接近的好朋友，他常常怀念这位兄长。

林淡秋虽然比王元化大许多，但也许是因为对文学的共同爱好，王元化和他在小组中很接近。

在王元化和林淡秋的接触中，很少听到他说“我怎样怎样”或“我如何如何”，他讨厌自我炫耀，讨厌吹嘘自己，他也不喜欢这样的人。王元化说，“记得还是在抗战时期，有一次他向我谈起，左联中的一位常委用化名林矛写了一篇文章，然后又以第三者的口吻吹捧这篇文章，组织大家去学习。淡秋自始至终都是不喜欢这种作风的。他不喜欢互相吹捧，互相拉扯，自然对后来的拉帮结派更是深恶痛绝。在人和人的关系中，他似乎有一种十分执着的平等观，在这方面几乎到了绝对的程

《林淡秋选集》书影

度。他和“左联”五烈士之一柔石是很好的朋友。在抗战初我认识淡秋不久,他就和我说过,是柔石把他从乡下带到上海来从事文学工作的。他对柔石有一种很深厚的敬爱之情。但有一次,他也无形中向我流露出对柔石膜拜鲁迅的过分态度不无微言。由此可见,淡秋对平等人生观是多么坚执。后来,在严分上下级的官本位社会中,淡秋仍一贯保持他那待人平等的本色。现在回忆起来,不论淡秋在怎样的处境中,面对怎样的人物,也都不可能辨别得出他说的哪些话是对上级说的(无论这个人的级别是多么高,权势是多么大),哪些话是对地位比他低的人说的(无论这个人处于怎样的困境),淡秋都一视同仁。他这种可贵的性格,就接触的众多的人来说,是十分罕见的。”林淡秋给朋友们的印象,是如此美好,难怪王元化的记忆难以磨灭。

王元化与林淡秋的交往始于抗战初。和林淡秋认识不久,王元化就常常找他去聊天。那时他住福履里路(今建国西路)一座弄堂房子里的一间不足六平方米的小小的亭子间,里面只放得下一床、一桌、两

林淡秋夫人唐康

椅,他和夫人唐康就住在这样简陋的地方。王元化去聊天时,三人中总有一人得坐在床上,但是在这样的小屋里,他们仍谈得十分欢畅。

到了吃饭的时间,王元化就“不识相”地“揩油”,常常不顾人家的麻烦,自动留在他们家吃饭。唐康取出一只小小的打气煤油炉,淘米煮饭,然后再用一个小油锅,把早上买来的裙带鱼收拾干净,放进油锅一炸,三个人就围着小书桌吃起来。王元化认为吃得特别有味道,所以常常喜欢到他家聊天再吃这么一顿饭。“寒夜客来茶当酒,竹炉初沸火初红”,说的可是这样一种虽然平淡却又耐人寻味的情义?

有一次时间过晚,王元化把自己的长衫忘在林淡秋的家里了。直到60多年后,唐康还几次对王元化笑谈这件往事,说他年轻时如何粗枝大叶、生活散漫。这段时期他们身在“孤岛”,生活艰难,环境险恶,却很愉快地从事着地下工作。朋友之间没有猜忌、没有摩擦或者其他不愉快的事情。虽然有时也会发生争吵,但不久就云消云散,不留下任何感情的芥蒂。对此,王元化十分怀念,他说:“这种坦率纯真的生活真是令人向往。”

王元化记得,林淡秋常常说,他身上具有农民性格。而那时王元化从未去过农村,根本不知道农民性格是什么。他只是感到,林淡秋从不会掩饰自己,总是毫无顾忌地把自己内心的感情袒露出来。有一次,他们两人,还有满涛,一同走在马路上,行至半路,天色骤变,雷声隆隆,闪电划破了天空。随着一声炸雷,大颗大颗的雨点落了下来。这时林淡秋惊慌失措,拿着手里的一本杂志挡在头上,满脸惊慌地到处寻找躲藏的地方。满涛和王元化看了不禁大笑起来,因为真没料到,一场暴雨就把他吓坏了。王元化感叹道:“他就是这样天真,这也算他性格中的一个特点吧。”

不过,在王元化眼里,林淡秋也有农民性格中倔强的方面。“孤岛”中期,他满怀热情地到皖南新四军军部去。那时,新四军成立未久,物质条件极差,这一点对林淡秋来说不成问题,他能吃苦,也不怕吃苦。但那里使他感到不适应的,却是需要绝对的服从命令听指挥的刻板生活。他作为一个文化人,自由惯了,从来没有受到过这样的拘束。尤其,他是一个作家,对文学有深刻的理解,和部队里须按照严格的政治要求和政治任务去写作完全不同。新四军宣教部的领导叫他为新四

年轻时的林淡秋

军创作军歌歌词，他欣然接受了。不料，领导却指定他把一些政治口号填嵌进去，而且这要求是极为严格的。换了别人，也许觉得这不是去搞文学创作，而是去完成一项政治任务，就会接受下来，按照领导的意图去填写军歌歌词。可是淡秋执拗得很，他对于写作有自己所深信的那一套，决不苟且，以为一旦放弃了自己的原则，就是对工作不负责任。所以，他固执地不肯按照领导的交代去写。但是，当时以政治标准挂帅的领导，怎么可能理解林淡秋的文学观念和写作态度呢？当时有不少歧视知识分子的做法，林淡秋对这些事也看不惯，虽然新四军的领导对他耐心地做了工作，他还是固执己见要求调回上海，这对林淡秋今后的政治命运有着很大的影响。他是很早参加革命的党员，做了很多的工作，可他始终没有政治化，对个人在政治上的升降沉浮并不在意。抗战后，组织上派他在《时代日报》工作，天天值夜班，白天又睡不好觉，很辛苦。但他工作得很认真，一句怨言也没有。新中国成立后，以他的资历和能力，本可以担负一些重要的工作，但组织上只派他在《解放日报》做一名普通编辑，他也欣然接受了，没有任何不满。在《解放日报》工作了两三年后，负责意识形态的胡乔木发现了他，立即把他调到《人民日报》任副总编，负责文艺部门工作。他和胡乔木于抗战前就相识，他们曾在“社联”一起工作过。胡乔木知道他的革命经历，也了解他的工作能力，所以很快把他调到了《人民日报》副总编的岗位上来。

这时《人民日报》的社址在王府井大街，王元化到北京开会时曾去看林淡秋，他的办公室是一间兼作卧室的狭窄的小房间，摆了几件简陋的旧家具，几乎把房间挤满。林淡秋就在这样一个环境中乐此不疲的工作,哪里像一个副部级的领导。他还像平时那样,没有官气,没有架子,随便说笑,平等待人,这给王元化留下了极深的印象,他由衷地敬服林淡秋从未改变的朴素作风。他说,过去在上海地下工作的同志,虽也有一些例外,可大多都像林淡秋一样,保持了这种朴素的作风。但是后来这种作风就很难看到了。

1955 年,王元化被审查时,林淡秋冒着危险写信寄予同情。据王元化忆述:

反胡风斗争,我被卷入,受到隔离审查,两年后被释放回家,当时和一切朋友都断绝了来往。可是张可拿出两封朋友的信给我看,一封是姜椿芳写来的,另一封就是淡秋写来的。这两封长信都是在我被隔离的时候写给张可的。当时我被定为贱民,处于政治最底层,谁也不敢理我,甚至过去的朋友在路上相遇,也都掉头而去。可是老姜老林并没有因为我成为反革命而对我失去信任,他们毫不顾忌写这样的信会担待怎样的风险,仍以兄弟般的深情,对我的不幸表示关怀,对张可表示慰问。在严冬的空气中送来的这种温暖,使我对生活感到绝望的心,重新闪现出光亮。可是,由于当时的环境,我不愿意牵连关爱我的人。我狠了狠心,就把这两封珍贵的来信给烧了,并且跟张可说不要回信,以防带累他们。[①]

林淡秋自己后来命运也不好。他到京工作原是胡乔木调去的,但是“反右”时,胡乔木将本该由自己负责的账全算在林淡秋头上,要不是邓拓,林淡秋就难逃危险了。后来,林淡秋因此被贬到杭州大学去当校长。

阔别 20 多年,王元化和林淡秋再一次相见时,两位老友抵足而眠,不胜唏嘘。王元化回忆说:“那时我已年逾六十,而淡秋更是垂垂老矣。他是到上海来治疗眼病的。后来,我到杭州去拜访他,他是那样的高兴,拉住我不放:‘今天晚上你就住在这里,我们抵足而眠,痛谈一夜。’虽然我并没在他家留宿,可是那夜,我直到深夜才离去。从这次谈话中,我知道他在运动中也遭不幸。虽然没有戴上帽子,可是被赶出

① 王元化:《人和书》,兰州大学出版社 2003 年 10 月版,第 147—148 页。

林淡秋摄于杭州(时年66岁)

了《人民日报》,降了级,下放到杭州。他说在鸣放期间,胡乔木开列了名单,要他去组稿,让这些人去鸣放。可是风云急转,“反右”开始,他受到了批判。我问他是怎么挨整的,他说胡乔木不承认鸣放期间是他指定淡秋向那些人组稿的。淡秋又说幸亏邓拓保了他,才没有戴上右派帽子。这次淡秋和我说起胡乔木,和他50年代初在《人民日报》工作时完全不同了。淡秋去世后,唐康曾把这情况写进她的回忆文章中。”

以后王元化每到杭州都去看林淡秋,最后去的那次,因为急匆匆要赶回上海,就只打了电话过去。他妻子说淡秋送进医院了,没事的,你已买了火车票就先回去吧。没想到此次错过竟是永别,回到上海就接到了他去世的噩耗!

在那悲痛的日子里,王元化懊丧不已。他的心情不能平静下来,他提笔写下发自内心的怀念林淡秋文章,汩汩悲情难以抑制:“现在夜深了,四周是这样静,窗外是浓墨般的黑夜,我感到沉重的悲哀阵阵袭上心来。我想到我失去了一位尊敬的友人,一位在我青少年时代引导我走上文学道路的兄长,一位平易近人,率真、热情、质朴的革命者。听说他立下的遗嘱是不开追悼会,不作悼词,不搞骨灰安放,并且要他的家属在他死后即迁出省委大院——只要了解淡秋平日为人的人就可以知道他正是会作出这种安排而不是别种安排。淡秋还像我40多年前所认识的那个淡秋,他仍保持着40多年前住亭子间时的那种简朴作风,没有一点架子和官气。甚至还像过去一样,谈得高兴时突然会爆发出一阵阵爽朗的笑声。”

王元化曾经在一篇文章中说:“我是吸吮抗战初地下党文委乳汁长大成人的,他们对我的思想和人格成长,曾起过重大的影响。”他所说的地下党文委不是一个笼统抽象的概念,而是有许多有血有肉、有思想、有感情、有个性的人组成的,林淡秋就是其中的一个。

“都是异化惹的祸”
——王元化与周扬

一

新中国成立后，周扬作为新中国文艺工作的主要领导人，扮演着重要的角色。王元化则以其深厚的理论素养，深得周扬的赏识。王元化先生在与我交谈中说：“不管怎么说，周扬确实很关心我。”[①]

周　扬

1955年在反胡风斗争中，株连了许多无辜者。王元化也未能幸免。即便如此，但据说对王元化，周扬曾发话欲加保护。他曾说王元化是党内不多的文艺理论家。周扬提出，只要王元化承认胡风是个反革命分子，就可将他作为人民内部矛盾处理。但是，王元化认为这个结论缺乏有说服力的证据，予以拒绝。

领导给了王元化逃出“阶级敌人”厄运的机会，而王元化居然不接受！这就是王元化的风骨！

虽然王元化拒绝了周扬好意，拒不承认自己是一个“分子”并为此遭受磨难，但周扬这份关心他还是记在心上的。到了1960年，王元化因周扬的支持，发表了两篇文章，一篇是在《文艺报》(1961年，此文系据《文心雕龙》谈山水诗起源)；另一篇是在《中华文史论丛》谈虚静说。这是王元化1955年身陷囹圄后，仅正式发表过的两篇文章，而且用的是“王元化”的本名。其中后一篇文章在台北、美国均有学者撰文提及。[②] 据顾骧

---

① 2006年7月11日与王元化先生谈话。

② 王元化：《清园书简》，湖北教育出版社2003年1月版，第546页。

称，周扬在“文革”前王元化蒙冤时，与他谈话中，就两次提到王元化：“一次谈到侯敏泽（侯敏泽送给周扬自己著的两卷本《中国文学理论批评史》）时说：我很佩服侯敏泽，划了右派，还搞了两大本出来，虽然里面有简单化的东西，可毕竟搞出两厚本。还有郭绍虞、王元化、王文生，还有人民文学出版社搞文艺理论的同志，都在整理阐发中国文论上作了努力。一次是开一份文艺理论骨干名单，他建议将王元化加进去。”[①]上海的出版老人丁景唐则回顾说：20 世纪 60 年代，为了修订《辞海》（试行本）的事宜，他曾几次走访周扬，在广州的一次会见中，周扬“也谈及让我代他‘望望’曾彦修、王元化、满涛”[②]等人。

1977 年的岁末，周扬复出工作，却与文艺界无缘。尽管有“两个凡是”在，有“文艺黑线专政”论及稍后的“文艺黑线”论的阴影在，但周扬在文艺界所奠定的领导地位，依然无法被文艺界人士漠视。周扬从狱中出来后，一些文艺界人士采取各种方式，表达着对周扬的关注之情。周扬在万寿路 7 号中组部招待所的栖身之地，接待了一大批前来探望他的文艺界人士：郭小川、夏衍、周巍峙、张光年、冯牧、陆石、李纳、露菲、韦君宜、顾骧、蔡若虹、许觉民、夏征农、王元化……

1978 年，当王元化得知周扬复出在中国社会科学院工作后，即给周扬写信，与周扬取得联系。周扬也一如既往地关注着王元化。下面所引录的这封信，是王元化写给周扬数封未曾披露的信中的一封：

周扬同志：

我向您报告一个不幸的消息：满涛同志不幸于本月十八日患脑溢血逝世了。他的问题在死后才得解决，现上海作协及译文出版社定于下月十三日为他举行追悼会。当有讣告寄上。为了怀念死者，我要把他生前没有向您表白过的话告诉您。他对您非常尊重，在“四人帮”横行的日子里，以及当“四人帮”刚粉碎，一些留有“四人帮”余毒的人在报上对您进行无理的污蔑时刻，他感到了极大的愤慨。他多少次向我表露了他对您的衷心爱戴，衷心祝愿您身体健康。他不仅为了您对于

① 顾骧：《此情可待成追忆》，载王蒙、袁鹰主编：《忆周扬》，内蒙古人民出版社 1998 年 4 月版，第 463 页。

② 丁景唐口述，朱守芬整理：《三访周扬话〈辞海〉》，《史林》2004 年增刊。

他的关怀，同时也更为了党的文化事业而尊重您。这些话他永远不会说出来了。我觉得我有责任把他的内心向您打开。

祝您多多保重！

敬礼

王元化

1978年11月27日[1]

信中所提到的满涛，原名张逸侯，早年赴日本学经济，后由日本赴美攻读化学。第二次世界大战爆发后，他辗转返回家乡。1937年，王元化来到上海，参加了平津流亡同学会，并由此成为一部分爱好文艺的人所成立的"戏剧交谊社"的一员。在这里，王元化认识了后来成为自己妻子的张可和张可的弟弟满涛。

满涛虽然求学时不专文艺，但却对此有特殊的偏好。他借助于自己日、俄、英文都熟练的本领，介绍一些俄国文学。在与王元化相识时，他已经将俄国作家契诃夫的作品《樱桃园》译成中文。不久，这本书在巴金主持的文化生活出版社出版。后来，满涛又翻译出版了别林斯基的不少重要作品，成为中国知识界接受俄国革命民主主义思想家影响的重要媒介人物。因为共同的爱好，王元化与满涛成为好朋友。两人时常在一起谈论所读到的文艺作品，评论当时在西方名噪一时的《尤里西斯》，探讨契诃夫与莎士比亚的艺术特色。此后，共同参加地下工作的经历，又使两人的联系更加紧密。1941年，根据组织的要求，王元化编辑进步刊物《奔流》时，编辑部就设在满涛家里。抗战胜利后，两人又一起在《时代日报》合编《热风》周刊，后又在《联合晚报》合编文学周刊。在王元化与张可联姻后，与满涛的关系就更加亲密了。

在熬过了阴霾密布的十年"文革"后，满涛却不幸病逝。王元化虽然见惯了人世生死，仍难以承受这猝然的悲痛。《跨过的岁月——王元化画传》描述了王元化的悲痛心情："自少时相识，纵谈学问，结伴出游，乃至患难相扶，满涛都是那无时或缺的人。此后，更有谁与自己一起分享喜悦与悲伤，得意和失意？还有谁是能对着说不敢说的话，抒深

---

① 引自徐庆全：《王元化写给周扬的一封短信》，2004年11月22日《人民政协报》。

埋心底的忧，嬉笑怒骂毫不着意，在他的面前最真诚、最坦率的？……”[1]王元化忽然感到悲痛无法自抑。正是因为这种无法自抑的悲痛，促使王元化专门写信把这个消息告诉与满涛并不十分相熟的周扬，并把满涛未来得及对周扬说的话说出来，以表达“怀念死者”的心情。

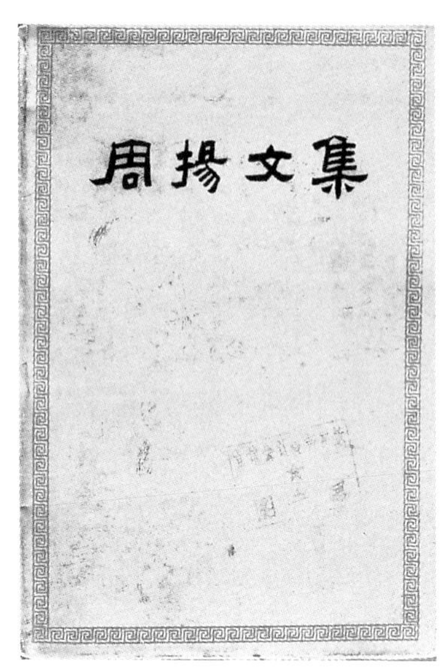

《周扬文集》书影

新中国成立以后，满涛在上海译文出版社工作，也是在周扬的领导之下，他对周扬的敬重之情自在情理之中。王元化信中所提及的满涛对周扬的“没有表白过的话”，倒也说出了有关周扬的一段值得钩沉的史实。周扬在“四人帮”横行的日子里的遭遇，是人所共知，不须多言，但在粉碎“四人帮”之后，一些留有“四人帮”余毒的人在报上对周扬仍“进行无理的污蔑”的那段历史，却很少被人提及。

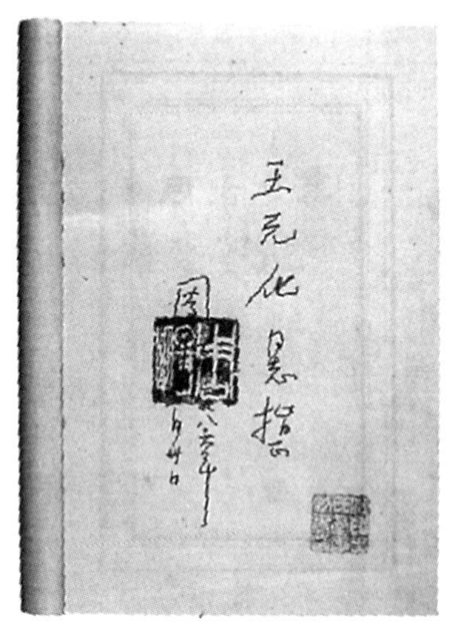

周扬扉页题签

“文革”结束后，对“四人帮”开始了被称为几个战役的集中批判和声讨。在这些批判和声讨声中，周扬依然是被批判的对象，只不过是角色发生了转换——要么是“四人帮”的“祖师爷”，要么是和“四人帮”“一丘之貉”，反正是和“四人帮”捆绑在一起了。

署名“任平”的《一个地地道道的老投降派》的文章，将鲁迅当年批判张春桥的杂文《三月的租界》视为“对王明右倾投降主义路线的有力批判”，并将张春桥与周扬联系在一起。此类文章为数不少。

---

① 胡晓明：《跨过的岁月——王元化画传》，上海文艺出版社 1999 年 11 月版，第 119 页。

“文化大革命”开始后，姚文元曾以《反革命两面派周扬》的文章，宣判了周扬政治生命的厄运。但是，令人啼笑皆非的是，现在周扬居然和姚文元合流了。如果将张春桥和周扬拉在一起还有点事实的影子的话——20 世纪 30 年代周扬虽然与张春桥没有交往，但张春桥毕竟是左翼作家的一员，那么将周扬与姚文元搅和在一起，则无论如何也说不过去——周扬怎么可能与还是不懂事的孩子的姚文元一起“执行王明右倾投降主义路线”呢？不过，这也难不倒对“四人帮”义愤填膺的批判者。甘竞存的《姚文元是典型的反革命两面派——评〈鲁迅——中国文化革命的巨人〉》文章，将姚文元的思想与周扬联系起来，他说，姚文元所写的《鲁迅——中国文化革命的巨人》一书中，其“指导思想”的“另一个重要来源，这就是王明机会主义路线以及周扬等‘四条汉子’的反动观点”。

“文革”开始时被“四人帮”打倒，现在又成为“四人帮”的陪绑，这种黑色幽默，激起了在上海的满涛的“愤慨”，想必这也是王元化和满涛在一起议论的一个话题，故信中才有这样的表述。

王元化这封信到北京时，周扬因事外出。1979 年 2 月，周扬读到此信后，给自己的秘书写了一纸便笺：

王信保存。满涛逝世后，我是否去过唁电？如没有，可复王一信，告以当时我适外出，请王向满家属代致慰问。[①]

其实，在接到王元化信的当天，他的秘书已经代其向王元化拍了唁电，只是他不知道而已。不过，周扬这样郑重其事地向秘书交代此事，倒也可以看出他对王元化以及满涛的关注之情。

二

20 世纪 80 年代的中国，虽说刚刚从“文革”梦魇中苏醒过来，但要真正摆脱“左”的困扰，还需待以时日。

---

① 引自徐庆全：《王元化写给周扬的一封短信》，2004 年 11 月 22 日《人民政协报》。

周扬与胡耀邦在第四次文代会上(1979 年)

1983 年适逢马克思逝世百年祭。中央考虑届时举行隆重热烈的纪念活动,活动分两个层次,一是由中共出面,召开纪念大会,由时任中共中央总书记的胡耀邦讲话;二是召开学术研讨会,由中宣部、中央党校、中国社科院、教育部牵头,请周扬做报告。

1982 年秋,王元化当时还在中国大百科出版社上海分社担任领导工作。有一天早上,他在办公室上班,忽然接到中共上海市委的通知,让他去参加总结 1976 年至 1982 年六年来上海情况报告的定稿工作。

这份总结是根据中央指示来清理上海六年来工作中存在的问题,以肃清"四人帮"在上海的流毒。时任市委书记的陈国栋同志亲自组织班子主持起草,并指定几个人参加定稿工作。王元化是被指定参加定稿工作者之一,一起工作的还有陈虞孙、洪泽、罗竹风等同志。

正在这时,中国大百科出版社上海分社党委接到市委的电话,说中宣部来电叫王元化去北京。

王元化摸不着头脑,就去问陈国栋,他说他也不了解详细情况,只知道是为了周扬要写一篇文章的事,中宣部让去的。陈国栋让王元化放下还未完成的协助"六年工作回顾"的定稿工作,先去北京。

9 月底,王元化乘飞机抵京。到北京后,中宣部文艺局长梁光第以及顾骧等一干人来接机，直接驱车去中宣部。当天，王元化就被安排下榻在北纬饭店，由顾骧负责具体接待工作。

第二天开会，由梁光第主持，同时在座的有王元化、陈涌、陆梅林、程代熙、顾骧等人。在这次碰头会上，梁光第宣布，这个会原是由中宣部副部长贺敬之召集各位来研究协助周扬同志写一篇文章的事，但他们两位都生病住在北京医院，王元化这才完全弄清楚中宣部要他来京的意图。

就在这次会上，大家首先研究为周扬文章主持起草的人选，有人提出要王元化来担任。

王元化推说自己工作中断20多年了，复出不久，有些情况不了解，故接受这项工作有困难。但是讨论下来的结果，大家还是觉得让他负责比较合适。

王元化记得，在会上一坐下来，提到当时理论界莫衷一是的人道主义与人性问题。在这个问题上，陈涌和他因意见不同发生了争辩，各执一词。陈涌大意是说，西方现在提出的人道主义有反动的目的，所以我们不能跟着西方走。

会后，王元化请顾骧陪他去看望周扬同志，周扬此时正住在北京医院治疗腿疾。

在周扬的病房里，王元化见到了周扬。

周扬劈头就问：

“你怎么来了？”

“不是你要找人写文章，要我参加起草吗？”王元化有些惊讶。

周扬的记性有些差劲。经王元化这么提醒，他这才恍然记起纪念马克思逝世一百年文章的事，“前些时候，我曾经说起要找几个人一起谈谈，比如上海的王元化，可是现在我生病躺在医院里，怎么能写呢？”这时王元化才明白，原来是贺敬之下令叫他来的。他又到隔壁病房去看贺敬之。

贺敬之热情相迎，但被护士严厉阻拦说他是病毒性感冒不能会客，不顾贺的“只谈五分钟”的要求，没有商量余地将两人拉出他的病房外。

回去以后，王元化和顾骧商量，并建议题目定在“中国特色的马克思主义文艺理论”上。但是由于周扬患病，工作无法进行，再加上来去匆匆，临时之间，手头资料也缺乏。所以王元化只在北京住了两天，就返回上海。为周扬起草报告之事暂时搁了下来。

1983年春节前四天，王元化收到周扬来信，说现在可以开始工作了，要他到天津迎宾馆。王元化当即拍电报给周扬，大意是说马上要过春节，他的母亲又近百岁，他在春节过后即去天津。

1983年摄于天津迎宾馆。左起顾骧、周扬、王若水、王元化、丁春阳

在这前后，周扬同志在天津疗养。春节假期刚过，一上班，顾骧也接到周扬秘书丁春阳同志从天津打来的电话，说周扬同志要他去天津，还要他通知王若水一起去。看得出，周扬同志对这篇报告确实是十分认真，十分重视，想对马克思主义的研究作些科学探索，力求在理论上有点新意。

春节后的2月15日，王元化赶到天津，抵达周扬同志下榻的天津迎宾馆。顾骧与王若水晚些时候到达。这时，他们几个人明确地知道了自己的任务是协助周扬同志起草马克思逝世一百周年报告稿。

回过头来再说，那天他们一行住进的天津迎宾馆人称“天津钓鱼台”,是为国家领导人建造的“别墅”。等人都到齐了,第二天,周扬和王元化等人就共同起草纪念马克思逝世一百年讲话稿,题为《关于马克思主义的几个理论问题的探讨》,由王元化统稿,周扬同志定稿。

他们一开始先讨论写文章的事,这样用了整整三天。

讨论的时候,王元化说:

“现在许多文艺问题说不清楚。由于文艺思想都有哲学、美学的背景,如果不在哲学上弄清,许多文艺理论问题就谈不深,谈不透,所以最好先从哲学方面弄弄清楚。”

周扬同意王元化的意见,让他与王若水、顾骧三个人就这个问题进行准备,并指定第一天由王元化谈,第二天王若水谈,第三天顾骧谈。

王元化主要谈了认识论方面的问题。他说《实践论》和《矛盾论》是毛泽东哲学思想的基础,贯穿在他的一切理论之中。理论界对这“两论”也作过很多探讨,问题也很多。有些和文艺理论也有直接的关系,很值得我们研究。他提出,在这里所要谈的是从感性到理性的问题。

王元化认为,把认识过程概括为由感性到理性自然是对的,但不要忽略在感性到理性之间还有知性的阶段。知性也是不同于感性认识的抽象思维,但这种抽象思维和作为理性的抽象思维有截然不同的性质。我们不能把它视为可以达到对事物的全面的、本质的和内在联系的认识。理性具备这种认识功能是因为它是辩证的,而知性认识是形而上学。感性、知性、理性不仅是德国古典哲学家康德、黑格尔的提法,而且也是马克思的提法。马克思在《政治经济学批判导言》中所提出的“从抽象上升到具体”就是具体阐明了感性、知性、理性的认识过程,并且还说这是唯一正确的科学方法。

王元化在发言中还说到他在1979年在《学术月刊》上所发表的第一篇文章,就是对“由抽象上升到具体”所作的阐释。过了两年,他又在《上海文学》上发表了《论知性的分析方法》,以阐明它的形而上学的性质,并举“文革”中“抓要害”的例子为证(他的观点后来在“清污”时也受到了批判,说是和毛泽东唱对台戏)。

第二天,王若水谈的是人道主义、异化问题。第三天,顾骧也讲了

风采依旧的周扬

他的一些看法。三个人的发言都由周扬秘书丁春阳整理成记录稿，经他们本人修订后再交周扬。过了两天，周扬经过酝酿，又召集他们三个人，对他们说，他考虑就用他们的发言稿作基础，写一篇文章。这篇文章分四个问题，即后来发表的《关于马克思主义的几个理论问题的探讨》的四个部分。

讨论中，王若水对人道主义、异化问题有很多发挥，希望这个问题成为文章中的重点。

周扬对知性问题很感兴趣，让王元化写进去。

王元化说："关于这个问题，我已发表过文章，如果写进去变成你重复我的观点，这不大好。"

周扬说："那没有关系，你可在这篇文章中写明我赞成你那篇文章中的论点。"王元化只好尽量从不同角度来写，这使他写得很吃力。他们讨论结束，三个人就按周扬的意见分头去写，写好交他审定。

对此，王元化后来在《〈读黑格尔〉序》中也谈到过，这里不妨摘引其中的一段："1983 年初，我们在天津迎宾馆为周扬起草那篇惹起一场风波的讲话稿时，他听到我对知性问题的阐释很感兴趣，坚持要我在讲话稿中把这问题写进去。我说在此以前我已有文章谈过了，他说没有关系，可以在讲话稿中说明他对这观点的赞同。这篇讲话稿后来成为引发一次事件的开端。在这次事件中，知性问题虽然不是主要的批判对象，但也受到株连，被指摘为和权威理论唱对台戏，'要回到康德去'。对于这种责备，我一直沉默着，现在也不准备回答。我只想对掌握意识形态大权的批判者提一个问题：为什么你们回避了我对'由抽象上升到具体'的诠释呢？要知道除非在这个问题上将我的论据论证驳倒,你们是不能稳操胜算的。”①

王元化在《关于马克思主义的几个问题的探讨》中,谈的主要是两个问题。一个是关于感性到理性的认识问题。他认为,长期以来,我们只谈从感性到理性,跳过了知性阶段,这是一个重要问题。另一个是关于否定之否定。长期以来,我们只讲一分为二、只讲差异就是矛盾、矛盾就是斗争,产生了斗争哲学,取消了多样的统一,造成极大危害。王若水谈的是异化问题。异化问题过去有人提出过,但没有成为广泛讨论的问题,也没有引起争论。因为它是一个不大容易被人理解的哲学理念。这次王若水提出来,产生了很大的反响。要真正理解异化,就必须关涉对马克思主义根本的理解问题。在我们理论界,很多人认为,马克思主义最根本的就是从社会发展规律揭示了资本主义矛盾,指出了共产主义社会的前途,因此无产阶级必须开展对资产阶级的斗争,以暴力革命推翻资本主义社会。只从唯物史观或只从社会发展规律来理解马克思主义。直到最近,还有人根据恩格斯在马克思墓前的讲话,说马克思主义就是“吃饭哲学”。马克思是务实的。他确是企图从科学精神而不是空想的乌托邦来探讨社会发展的问题。但是我们还要进一步想一想,马克思在创造他的学说,解决这些问题的时候,是否还有更深一层的考虑?是否还有更重要的人文背景?

王若水认为,马克思主义最根本的问题就是人的解放。王元化认为这理解是准确的,不是无根的游淡。启蒙运动兴起之后,西方思想家都是在人文关怀的背景下来探讨问题的。王若水曾经根据《共产党宣言》,强调马克思的重要观点:“个人解放是人类解放的前提条件。”这一说法在中国思想界,是王若水首先揭示出来的。他使马克思主义不仅具有认识社会规律的科学价值,而且赋予它以生命的意义,使科学精神和人文理想更紧密地结合在一起。王元化认为这是王若水在阐释马克思理论方面所作的贡献,使马克思主义在新的社会环境中更容易为人所理解、所接受。

虽说事隔多年,但王元化对在天津那几天的经历记忆犹新。在讨论中,对于周扬有些见地,他非常赞同。周扬说中国革命在民主革命阶

---

① 王元化:《读黑格尔》,百花洲文艺出版社 1997 年 6 月版。

段就理论准备不足。俄国民主革命有别林斯基、车尔尼雪夫斯基、杜勃罗留波夫,有普列汉诺夫这些理论家,而中国革命缺乏这样的理论家,往往只重实践而忽视理论,强调“边干边学”“急用先学”“做什么学什么”等。

对此,王元化认为,周扬的意见是切中时弊的。我们向来对理论采取功利态度,所谓以《禹贡》治水、以《春秋》断狱、以《诗》三百做谏书,把学术作为工具,用学术来达到学术以外的目的,而不承认学术具有其本身的独立价值。这种轻视理论的传统一直延续至今,为中国革命带来很多问题。据传,这篇文章后来成为问题,主要在于这一点。

当时有“理论权威”指责周扬没摆好自己的位置,说他将自己站在党之外甚至党之上,说中国从民主主义革命到社会主义建设,甚至在十一届三中全会召开之后,都缺乏理论准备,难道十一届三中全会文件不是最好的马克思主义理论?于是这一点就成为这篇文章的主要问题。

在讨论中,周扬还曾对王元化等人说过,王若水对于人道主义、异化的说法有些偏颇的地方。他说马克思主义不可没有人道主义,但是人道主义不能代替马克思主义。他认为在中国社会里是可以通过自我完善来解决异化问题的。王元化在定稿时按周扬意见将王若水所写部分删去了约五六百字。

就这样,王元化等人在迎宾馆讨论如何起草文章,周扬请大家先谈谈对目前理论的看法,然后根据他们所谈的拟订了四个题目让大家分头去写。王元化写了两个,王若水和顾骧各写一个。王若水写的是人道主义和异化问题。那时,他担任《人民日报》副总编,工作很忙,不能留在天津,就回北京去写。因为工作忙,他交稿较晚。

王元化还记得,周扬在审稿时,对有的部分不够满意,让他在此基础上重写。王元化受命后,只好挑灯夜战。而那时他已很少通宵加班,但为了赶时间,他也没什么怨言。

这篇文章在周扬去党校作报告的前一天,即3月6日的晚上,由周扬本人审定,进行了最后的润色,直到3月7日凌晨才匆匆印出。

因为连日的劳累,王元化当天没有去会场,后来就在电话中问周扬反应如何,他说反响不错。报告会是由王震主持。报告结束王震和他握手说讲得很好,还问周扬“异化”是哪两个字,是什么意思。

当时王元化也很高兴,第二天就回上海了。王元化走后,不想事情急转直下,掀起了一场所谓“清除精神污染”的运动。

3 月 17 日,周扬的《关于马克思主义的几个问题的探讨》在《人民日报》上全文发表,马上激起轩然大波。王元化当即表明了自己的严正立场:

> 周扬文章发表前后的一些风风雨雨,此间亦有所反映,此文我始终觉得是没有错误的,即以第四段来说根本扯不上拥护或违反马克思主义的原则问题,而是如何理解马克思早期著作问题。题目“探讨”二字,我原建议去掉,而周扬坚持不去。现在看来加上很有必要。如果在学术上连探讨都步履维艰,那还谈什么双百方针呢。此间许多人对这篇文章引起那样的反响颇感诧异,都说实在看不出什么问题。至于你说文章中有些地方说得不够清楚容易引起误会,这是我未做好。若水起草的那段,我事先曾向他提醒,勿把个人某些观点带入(非故意,很容易发生这情况)。在报告会头一天下午,我在报馆曾将第四段删去近千字。总之,至今我觉得文章总体毫无问题,倘文字上有缺陷毛病,一是我们未做好,二是时间太匆促。我认为文章倘引起争鸣这是正常的。可惜不这样简单,正如目前的其他情况一样,一篇有些新意的文章,如果没有人反对、阻挠、干扰,风言风语,那才是怪事。对这一情况我是有准备的。既然我一无所求,也就一无所惧。唯一希望的是,思想战线早入正轨,不要再重复过去的弯路或错误,这代价太大了。[①]

王元化既然“一无所求,也就一无所惧”,他只是衷心希望理论争鸣要正常化。

周扬试图为自己辩护。他说:关于异化问题,30 年来,他有过一些

① 《王元化 1983 年 4 月 5 日致张光年的函》,见氏著《清园书简》,湖北教育出版社 2003 年 1 月版,第 422—423 页。

想法和看法，而他的思想也是有变化的。但他一直认为马克思恩格斯讲这个问题，是有道理的，对我们今天仍有意义。周追述说，他在1963年的讲演《哲学社会科学工作者的战斗任务》中就肯定了“异化”的普遍性，而这个讲演稿是经过了毛主席审阅并亲自修改的。当然，当时他的思想还是很“左”的，那个讲话主要是批评南斯拉夫和苏联。他还提到他在1982年6月23日《人民日报》上发表的《一要坚持，二要发展》一文中，已经谈到当前的社会主义还有异化，而这篇文章是经过中宣部长邓力群审阅过的。

周扬再次强调，他提出异化问题是为了从理论上说明改革的必要性：

我这次提出异化问题，和二十多年前的情况相比，是对我过去左的思想有所自我批评。讲话中我力图配合三中全会以来的党中央所提出的一系列改革方针。我党经过半个多世纪斗争取得了胜利，但在胜利后十七年还出现了“十年浩劫”。这虽有许多客观原因，但对社会主义来说不能不说是一种严重的异化现象。现在我党要肩负起实现四化建设的历史重任，而在各个领域里仍存在着各种阻碍四化的路障，其中有不少是和社会主义相背离、相异化的现象。但由于社会制度本身的性质，它与资本主义制度下的异化有本质的不同，它能依靠自身的力量克服这种异化，而目前我党所推行的一系列改革的方针，正是克服这些异化现象以及其他错误现象的可靠的保证。我认为只有这样联系当前的改革，谈论异化才不至于流于空谈。可能我这样联系不一定恰当，但我是真心想要使自己的讲话对当前的改革有所裨益，我是紧紧跟随中央的路线方针提出这个问题的。①

周扬的这个辩护只是引来更多的批评，最后他作了检讨。

1983年11月6日，各报刊登了新华社5日报道的周扬谈话。在这个谈话中，周扬承认他在纪念马克思逝世一百周年期间“轻率地、

---

① 引自王若水：《周扬对马克思主义的最后探索》，载王蒙、袁鹰主编：《忆周扬》，内蒙古人民出版社1998年4月版，第432页。

1984 年冬天，周扬在北京医院接待来客

不慎重地发表了那样一篇有缺点、错误的文章。这是一个深刻的教训”。

这个检讨使周扬过了关，他可以继续在报刊上发表文章了，但报刊上的批评并没有停止。

“清污”开始，中纪委派了一位老同志来上海，找王元化谈话，对这篇文章写作的始末进行调查。当时王元化因颈椎病发作，住在医院里治疗，在医院向这位老同志讲了以上过程。他听了之后说，这和他听到的情况很不一样，不属于纪律检查范围，与他们的工作无关，原来十分严峻的态度一下子松弛下来。

后来，王元化把他向中纪委所说的情况写成书面材料，作为这一事件的说明，上交给中共上海市委。王元化感觉压力不小，但他没有退缩。这从王元化当时在给友人的信函中可以看出，王元化直言不讳地表示：“清污时，责难纷至，我顶住了。”①

① 王元化：《清园书简》，湖北教育出版社 2003 年 1 月版，第 6 页。

晚年的周扬

不过,“清污”以后,周扬的精神状态每况愈下,最后一病不起。王元化对此十分担忧,他在给张光年的信中几次问及周扬和他夫人苏灵扬的病情,如 1988 年 7 月 9 日提道:

> 闻灵扬大姐患病住院,心颇不安。周扬同志一直卧床,需人照料,现灵扬大姐又病,不知两位老人,何人照顾,殊为念念。我打算来京一行,是为文联出版社出周扬同志选集作序事,需和灵扬大姐谈谈,再看望一些老同志:你、夏公、黎澍同志等。现大姐患病,可能不能谈了,而各位不知是否离京去避暑。如此,则我来京恐无什么意义了。你是否可就此事告我,究竟来好,还是不来?①

1981 年周扬与夫人苏灵扬在杭州秋瑾塑像前合影

王元化的焦急心情,溢于言表。

至 1985 年夏以后,周扬的病情虽较稳定,但已病入膏肓,药石无效。不能言语,只是偶尔喉咙里吐出一两个含糊的音节;不能识人,连自己的夫人都不认识了。一年之后,他成了植物人,靠鼻饲延滞生命。医生“谢绝探视”。

苏灵扬因积劳成疾,也很少去医院。除了医院的医生、护士外,常

---

① 见 2002 年 8 月 2 日《文汇读书周报》。

年雇用一名护工照料。顾骧的笔下不乏苍凉：

……我去探视，对周扬同志来说已毫无意义，倒不如说主要是我自己灵魂的需要，一种自我心理的需要。我不能薄情寡义，不能对故人弃之不顾。

最后一次见面是1989年春节；春节的欢乐氛围，勾起我对天津迎宾馆元宵之夜的回忆。转眼六年了，周扬同志静静地躺在那儿也已五年了。那一天我带去几棵雕刻好的漳州水仙花，那时的护工是一河南的女孩子，我让她找一只盆子供养。病房静悄悄。周扬那原来魁梧的身材，瘦成了皮包骨头，萎缩成单薄枯瘦的身躯，只有一点游丝般的气息，再没有任何反应。令人心酸。①

1989年7月31日，缠绵病榻多年的周扬终于告别尘世。

周扬去世8年多，其间鲜有纪念文章发表。但是，他的朋友一直惦念着他，许多同志提出建议，应该有一本回忆周扬的书。由王蒙、袁鹰同志牵头，编辑《忆周扬》。王元化与于光远、张光年、周巍峙、秦川和温济泽等一起担任该书的顾问，他还撰写了《为周扬起草文章始末》一文，收入王蒙、袁鹰主编的内蒙古人民出版社1998年4月正式出版的《忆周扬》一书中。

---

① 顾骧：《晚年周扬》，文汇出版社2003年6月版，第128—129页。

相识于孤岛
——王元化与孙冶方

王元化与孙冶方结识，并成为终生的挚友，是在抗战时期险象环生的“孤岛”上海。

1937 年 5 月，上海沦为“孤岛”后，中共江苏省委在设立职委的同时，决定重建文化界运动委员会（简称“文委”）。书记为孙冶方，副书记为曹荻秋，委员有王任叔（巴人）、梅益、于伶等。在“文委”领导下，开展了轰轰烈烈的群众性抗日救亡文化运动，在戏剧界、电影界、文学界、新闻出版界，宣传党的抗日民族统一战线，扩大了党的政治影响。顾准则在稍后接替曹荻秋担任了“文委”副书记。

孙冶方

孙冶方、顾准两人共同主持“文委”工作，可谓一时之选，珠联璧合，尽管顾准在“文委”工作时间不长，但仍做了不少工作。

孙冶方其时就是著名的经济学家，早在 1933 年，就与陈翰笙、钱俊瑞、薛暮桥、姜君辰、张锡昌、吴觉农、孙晓邨、冯和法、徐雪寒、骆耕漠等人发起成立了中国农村经济研究会，创办《中国农村》月刊，他在上面写了不少文章，宣传土地革命的主张。另外，还化名孙宝山、亨利在《华年》《现世界》《新认识》上发表文章，用工厂的实际调查材料，说明中国资本主义工业的脆弱性，指出其中的封建剥削残迹等，积极从事左翼文化活动。

王元化的老战友陈修良写过《孙冶方革命生涯六十年》一书，王元化读后，非常激赏，他说：“读完修良大姐这本书后真是感慨万千，心情激荡不已。它使我回到‘孤岛’时期刚刚入党的年轻时代。我是汲取

1976年8月，孙冶方、洪克平夫妇与陈修良（左）重逢于上海

上海地下党文委的精神乳汁长大成人的。文委中那些至今令我难忘的人，对我的思想的形成和人格的培养，曾经发生过巨大的影响。他们就是孙冶方、陈修良、林淡秋、顾准、姜椿芳、黄明，这些我视为大哥大姐的同志。"①

在中共江苏省委的领导下，"文委"的工作，坚决贯彻党的文化工作的指示，把文化界的救亡运动的重心放在戏剧工作上。他们的做法是：第一项工作，组织专业性的职业剧团，如于伶等人先后组建了"青鸟剧社""上海剧艺社"等团体，主要骨干来自电影界、话剧界。另一项则是开展业余戏剧运动，广泛组织群众性业余剧团，即在职业界各个联谊团体及工厂、企业、学校成立演剧组和小型业余剧团，它们与职业的或大型剧团的配合和协作，卓有成效。群众业余剧团不仅在本单位演戏，还创办星期小剧场，挑选业余剧团中好的剧目，于星期日上午轮流售票公演，这在上海戏剧界的历史上是前所未有的。周恩来同志知道后曾经称赞："星期小剧场的工作搞得非常好！"②

岁月流逝，对这些"孤岛"上的战斗，其具体细节已成吉光片羽，姜

① 王元化：《记孙冶方》，见氏著《人物·书话·纪事》，人民文学出版社2006年1月版，第30页。

② 孙冶方：《抗战初期上海文委的一些情况》，上海社会科学院文学研究所编《上海"孤岛"文学回忆录》下册，中国社会科学出版社1985年9月版，第2页。

椿芳同志去世前为我们留下了《抗日战争前后上海文化战线的一些情况》，弥足珍贵，其中谈道："在整个工作中，从 1938 年起到 1941 年 12 月上海全面沦陷期间，组织上变动多，领导人也常变动。孙冶方同志领导我到三九年四、五月，大约一年左右。以后就交给顾准同志。……1939 年秋，顾准向我宣布成立一个文化总支部（"文总"），下设几个支部：(1) 新文学支部，先后有许中、张浩、王益、王洪、艾中全等同志；(2) 文学支部，有王元化、钟望阳、蒋天佐等同志。下面有文艺通讯员、文学界刊物。党员有束纫秋、赵不扬等同志；(3) 戏剧支部，有胡大中、吴小佩等同志。戏剧支部下面有三个小组。我任'文总'书记；前后一起工作的还有蒋天佐、钟望阳同志。"[①]大家都勤奋工作，取得了可观的成果。孙冶方同志后来对于这个时期的党的文化工作，曾有这样的估计："以我们当时主观力量的薄弱来说，我们当年在文化界的工作成绩是不算小的"[②]。上海虽已沦为"孤岛"，但依旧是文化中心。上海文化界的进步运动，必然要影响到全国。

姜椿芳同志这里所说的"文学支部"，也就是文学小组，王元化记得，当年他所在的文学小组由戴平万、林淡秋分头领导，而孙冶方、顾准二人都代表文委参加过他们的小组活动。虽然孙冶方没有顾准那么频繁，但他偶尔也参加相关活动。

在王元化的印象中，孙冶方不苟言笑，但他们并不像怕有个"喜欢训斥人的"领导一样怕他。孙冶方虽然也很严肃，但并不严厉，有了问题，他只是细细地听你说，再慢慢地分析道理。有一次，王元化闹情绪，他就是这样对待的。

还有一次，孙冶方去出席戏剧小组的活动，那里有不少刚刚入党的年轻同志。开会了，他讲话刚刚开了个头，就停下来，在屋里嗅了嗅问：

"什么味道？"接着，把面孔转向那位领导这个小组的同志[③]，叫了声他的名字：

"你又不洗脚，脚要天天洗的。"

---

① 姜椿芳：《抗日战争前后上海文化战线的一些情况》，见中共上海市委党史资料征集委员会编《上海党史资料通讯》1984 年第 7 期。

② 转引自陈修良：《孙冶方革命生涯三十年》，知识出版社 1984 年 11 月版，第 43 页。

③ 据王元化先生告知，这位领导戏剧小组的同志就是"孤岛"时期的地下党"文委"成员之一杨帆同志。

他的话一出口，马上引起一阵哄笑，但他没有笑。

孙冶方自己总是穿得很整齐，衣服洗得干干净净，大概用熨斗熨过。其实那时他经济很困难。

孙冶方时常会显出一种颇为可爱可亲的憨态，这种憨态使得王元化他们这些当时刚入党的小青年都很喜欢他，不知是谁还给孙冶方起了个“妈妈”的绰号，这名称一下子就叫开了。

孙冶方画像，丁聪画

多年以后，回想起这些往事，王元化心情依然不能平静：

> 我们虽然幼稚，但都懂得他对我们的爱护，尽管他从未向我们公开表露过。抗战初是一个轰轰烈烈的时代，党内生活又是那样充满生机和朝气，这一切都使我们这些正在拼命吸取知识的小青年受到了良好的熏陶。那时我们的生活笼罩在一片欢腾的气氛中，虽然敌人是残暴的，工作是危险的，但我们还没有经受理想和现实的冲撞，我们心里的阳光还没有被任何云翳所吞没。①

1938 年时，上海文艺界对于鲁迅杂文的看法，出现了一场被称为“鲁迅风”的大争论。其中，有的人虽然是左翼作家，有的还是“文委”委员，但对鲁迅杂文的理解却出现了偏差。他们认为“鲁迅风”（即杂文的文风）已经过时，现在是抗战时期，应该直着嗓子说话，不要再晦涩隐藏地说话了。王任叔（即巴人）等人反对这种看法，认为鲁迅的战斗风格永远也不过时。这虽然是对于鲁迅文风的理解和认识问题，但正当抗日斗争风起云涌之际，进行这场论战不仅会使群众转移对当前

---

① 王元化：《陈修良文集》序，见《陈修良文集》，上海社会科学院出版社 1999 年 10 月版，第 4 页。

孙冶方与家人

斗争形势的注意力，而且也容易被敌人和一些别有用心的人利用。孙冶方敏锐地觉察到这一问题的严重性，于是便以文委名义召开会议，及时地组织大家讨论、研究这种形势，邀请论战双方坐到一起座谈应该怎样统一认识，尽快地终止这场论战。

孙冶方这样洞察明鉴、鞭辟入里地分析，使论战双方都心悦诚服地接受了他的意见，最后都自动地停止了这场历时两个多月、在文坛上轰动一时的争论。在孙冶方的领导下，于1938年底由《译报》主笔钱纳水出面召集了一次文艺座谈会，王元化和论战双方主要代表人物王任叔、阿英、林淡秋、柯灵、杨帆等人都到会，大家统一了认识，会后在报上联名发表了《我们对于"鲁迅风"杂文问题的意见》。论战的圆满结局，既促进了上海文艺界的抗日统一战线的团结，同时又使许多作家提高了对鲁迅及其杂文的认识，从而推动了杂文的创作。①

王元化在《陈修良文集》序中，转述了孙冶方的革命经历，对"孤岛"时期的斗争着墨尤多：

"孤岛"时期的文委做了大量的工作，可是修良大姐在这本书里只

① 参见邓加荣：《登上世纪坛的学者——孙冶方》，中国金融出版社2006年1月版，第279—281页。

挑出当时文艺界所发生的一个问题来谈,即歌颂与暴露问题。她说这是社会主义国家中"争论不休的问题"。她认为孙冶方提出的观点特别值得重视。为什么在社会主义国家内,这个问题竟成为长期不能解决的问题呢? 事情不在这个问题本身,而在它涉及对社会主义社会的看法,涉及对民主原则和民主作风问题。一种意见认为社会主义的优越性即在于它不会产生异化现象,因而也就不会存在任何黑暗、丑恶、腐败的东西。提出暴露是别有用心的。而另一种意见认为社会主义不是不会产生异化,而是在于它敢于公开揭露那些黑暗、丑恶、腐败的东西,它可以依靠民主的生活、健全的法律、舆论的监督这些自我调节的手段去加以克服,因而暴露是不可少的。修良大姐和孙冶方都坚持后面一种观点。当时文委的领导层中也有不同的意见,但多人如顾准、王任叔、林淡秋、戴平万、姜椿芳、殷扬等都和孙冶方的看法一致。当时我觉得这道理是不言自明的,连争辩也是不必要的,直到日后我才明白它涉及的方面确是十分复杂,延安文艺整风,就是由这个问题引发出来的。苏联在斯大林时期曾提出用批评和自我批评的方法去解决社会主义本身的矛盾,表面上也承认社会主义社会的黑暗面,主张揭露它。所以斯大林提出,如果批评的意见只有百分之五是正确的,就应当接受而不应该对批评的人打棍子。甚至他在那本和学术民主精神相悖的批判马尔语言学的著作中,也提出了没有自由讨论任何科学是无法前进的这一论点(可是实际上却从没有实行过)。然而我们这里连公开的说法也是反对揭露内部的黑暗面,反对讽刺的,认为它只能对外,不能对内(就我记忆所及,解放初在一面倒的情况下,当苏共"十九大"政治报告提出文艺作品应当用讽刺的火焰把内部黑暗全部烧掉以后,《讲话》才作了文字上的修改)。实际上歌颂与暴露的问题并不是什么深奥的问题,而是一个关系到让不让人讲话和能不能听取不同意见的民主原则和民主作风问题,关系到应该不应该鼓励人们独立思考和发扬批判精神的问题。

坚持独立思考坚持批判精神是要付出巨大代价的。我以为这本书写得最精辟、最感人的地方,就是这些方面,并且从这些方面显示了孙冶方的内心生活和精神面貌。修良大姐所记述的那些事迹,清晰地勾勒出一个中国知识分子的悲壮的心路历程。它似乎在告诉我们: 这个人生来就不是为了追求庸人梦寐以求的幸福，为了真理，他可以置自己的安危于不顾，纵使身临危境，也毫无畏惧，而决不会放弃自己的正确主张。

确实，在坚持独立思考、坚持批判精神方面，王元化与孙冶方、顾准一样，这都是不争的事实。

王元化和孙冶方"孤岛"时期分手后一直未见过面，但常常听到他的消息。50年代，王元化就听说孙冶方被作为"中国的利别尔曼"[①]而被打落在批斗围剿之网。

"文革"期间，孙冶方在狱中用腹稿形式，写下了一部30余万字的《社会主义经济论》。那真是难呀！一章有分析、有见解的腹稿写完了，再去构思下一章时，已经做好了的文章会全部不翼而飞。只好再作第二遍、第三遍。他以惊天地、泣鬼神的毅力，前后共写了八十五遍。从古至今，从结绳记事到拼音文字，曾有人从事过这样宏伟的事业吗？

1978年5月27日，孙冶方应邀在上海科学会堂作报告，那时王元化尚未平反，想尽了办法弄到一张入场券，坐在后排远远地望着他，这是他们两人分手40年后第一次重逢。

次年，王元化为自己的案子上京申诉，姜椿芳带王元化到孙冶方家里访问。两位老友这才有机会作长谈。

1982年9月，召开中国共产党十二大的时候，孙冶方、王元化和鲁彦周（《天云山传奇》的作者）都是代表，王元化在人民大会堂介绍孙冶方、鲁彦周两人相识。大会开幕的那天，趁会前的空隙，王元化从拥挤的大厅中把《天云山传奇》的作者鲁彦周（也是作为代表来参加大会的）找来和孙冶方见了面。[②]

---

① 利别尔曼：苏联经济学家，在20世纪60年代初曾经著文《计划·利润·奖金》。强调利润、奖金在计划经济中的作用，主张要将企业利润的20%以上作为奖金发给职工，他的文章曾对苏联经济界产生重大影响。中国当时将他作为修正主义的吹鼓手予以大力批判，将其对利润与奖金的分配办法，名之为"物质刺激奖金挂帅"，而加以大力批驳。

② 电影《天云山传奇》上映后，当时的文艺评论褒多贬少，但也不乏扣帽子、打棍子的。其中最突出的就是在1982年4月的《文艺报》上发表的《一部违反真实的影片——评〈天云山传奇〉》，该文指斥影片"完全歪曲了反右派斗争的历史真相""毁坏党的形象"，认定"它是资产阶级自由化思潮在文艺上的反映"。此文一出，争论的火药味陡然浓了，甚至引起与文（转下页）

孙冶方酷爱学术自由讨论，主张指名道姓的公开争论。一次会议上，他曾给于光远同志递过一个条子，说他们已经就八个问题作过争辩，希望再来两次完成一个整数。这就是学术界流传的“8 + 2 = 10”的佳话。

“我已经是一头挤不出奶的老牛了！”即便在病危期间，孙冶方仍然强忍病痛，写出了《二十年翻两番不仅有政治保证，而且有技术保

1983 年 4 月，上海作家协会召开孙冶方追思会，王元化（第二排左二）和众多孙冶方生前好友出席

（接上页）艺界素无往来的经济学家孙冶方的愤怒。他“总觉得喉头有什么东西哽着，必须吐出来才好”，就不顾正患重病，撰写并发表了五千多字的《也评〈天云山传奇〉》。按照他自己的说法是“路见不平管了一下闲事”。在分析、肯定影片后，这位正直的老革命发出了由衷地感慨：“给《天云山传奇》戴上‘毁坏党的形象’‘资产阶级自由化’等大帽子是不公平的。我们要切记反右派、反右倾、‘文革’等历史教训，乱飞帽子、乱打棍子的做法不能再来。”这样一篇有声有色、有血有肉、观点鲜明的评论对剧作者鲁彦周当然是巨大的鼓舞。

1982 年 9 月召开十二大的时候，孙冶方和鲁彦周都是代表，王元化在人民大会堂介绍两人相识。鲁彦周当面向孙老表示感谢，说：“孙老，你不知道你的这篇文章给我减轻多大的压力，因为你不是文艺工作者却是革命前辈和著名的经济学家，你的文章就特别有说服力。”孙老回答：“我从来是不跟文艺界打交道的，我这次出来是打抱不平的。你有勇气敢写，拍出这么一部好电影，对党的拨乱反正、落实政策起到了难以估量的作用。你是有贡献的，你不要感谢我，我们应该感谢你。作为作家，你就要保持这样的精神状态。”这是孙冶方先生在生命的最后岁月留给文坛的一段佳话。

证》的文章，胡耀邦、陈云等中央领导同志看了，都夸说写得好。

最令王元化感动的是，在孙冶方去世后，他的助手把他的一本遗著寄给王元化，并在书的扉页上写下了这样几句话：

冶方同志把书放在床边，本想等身体好些亲自签名将书送给你，但一直未能做到，现在只好由我在书上盖上他的图章，以表他的遗愿。

著名的经济学家、革命家孙冶方同志不幸于1983年2月逝世。为纪念孙冶方，当年4月，上海作家协会召开了追思会，王元化和众多孙冶方生前好友扬帆、李琼、陈修良、于伶、吴强、钟望阳、张纪恩、束纫秋、韩述之、刘人寿、方行、洪泽、包文棣、丁景唐、鲍浙潮等出席了会议，共同缅怀孙冶方先生。

1984年，陈修良同志写出《孙冶方革命生涯六十年》这篇长文，同年11月，由上海知识出版社第一次以单行本出版，反映了孙冶方同志从1923年投身革命到1983年逝世，所度过的整整60年的革命生涯。

王元化题写书名的《记孙冶方》一书封面

1998年11月，陈修良同志去世后，出版了50万字的《陈修良文集》[1]，因考虑到篇幅的限制，只将他所写的一篇较短的《怀念战友孙冶方》收入了文集。

事后，与孙冶方和陈修良都相熟相知的王元化同志向陈修良同志的女儿沙尚之提出来“陈大姐的《孙冶方革命生涯六十年》一书很好，没有编进文集很可惜”，并建议在补充有关内容之后单独

---

① 姜沛南、沙尚之选编：《陈修良文集》，上海社会科学院出版社1999年10月出版。

出版。

在王元化的精心指导下，沙尚之编选了《记孙冶方》。王元化还亲自题写了书名，并撰写了文章，使《记孙冶方》一书在上海文艺出版社顺利出版。

“北 钱 南 王”
——王元化与钱锺书

王元化和钱锺书有着很好的友谊。1981 年,王元化被聘为国务院学位委员会(文学)评议组成员,与王元化同时被聘的还有王力、王瑶、王季思、吕叔湘、朱东润、李荣、吴世昌、萧涤非、钱锺书、钟敬文等。是年,王元化 61 岁。他比吕叔湘(1904)小 16 岁,比王力(1900)小 20 岁,比朱光潜(1897)小 23 岁,比朱东润(1896)小 24 岁,比钱锺书(1910)小 10 岁……

元化先生回忆说,他与钱锺书先生接触得最多的一次交往是在当年 12 月,作为国务院学位委员会第一届文学评议组成员,他与钱锺书等相聚在北京京西宾馆。当时这个评议组的老先生聚集一堂,在京西宾馆工作了五天,最后拍照留念,他因为是这个组里年龄最小的,就站

国务院学位委员会第一届文学评议组成员合影。左起:□□,□□,吕叔湘、李荣、朱东润、吴世昌、萧涤非、夏鼐、王力、□□,钱锺书、王季思、王元化、王瑶、□□、钟敬文

在后面，钱先生把他拉到身边。这是一张珍贵的照片，今天照片中的绝大数学者都已不在了。当时包括钱锺书先生在内的一辈学者，治学的严谨认真态度给他留下深刻印象。

他说：“这张照片，是当时吕叔湘、钱锺书一把将我拉过去，所以挡住了王季思（起）先生。”

回忆起那次开会，王元化说道：“老一辈学人办事认真，不徇私情，完全为国家培养人才着想。王力是小组长，吕叔湘是副组长。王力见我时说，你的《文心雕龙》研究写得好，你开了一个很好的头。”

钱锺书对王元化说：“我可不承认我的书是比较文学，你呢？”

对此，王元化也有同感。

当时，王元化的《文心雕龙创作论》和钱锺书的《管锥编》这两本著作，双双荣膺首届中国比较文学荣誉奖。

后来，社会上有人喜欢以炒作方式标榜，说什么“北钱（锺书）南王（元化）”，《南京日报》的吴崇明 1998 年 7 月 26 日专门找王元化作电话采访，元化先生明确对他说：“此说不妥。钱是前辈，我只是做了一点学术工作的晚辈，决不好这么提。学术界要反对浮夸之风，提倡老一辈学人的踏实严谨。”从这句话来看，王对钱是十分尊敬的。

现在我们从王元化的《1991 年回忆录》中也可以看到，其中有一段文字与钱锺书有关，并且还提到了著名的汉学家、诺贝尔文学奖的评委马悦然：

> 我和马悦然相识在八十年代初，他是由钱锺书介绍给我的。当时钱锺书曾向我说：“我不会把不相干的人介绍给你，这个人是不错的。”当时马悦然还不是瑞典皇家学院的院士。他当选为院士（同时也就成为诺贝尔文学奖的评委）以后，不知为了什么，钱锺书和他的交往逐渐疏远，以至断绝。有一次我听到钱锺书批评他说：“他的董仲舒也搞不下去了。”①

1998 年 12 月 19 日，钱锺书先生去世。上海的《文学报》于 24 日

---

① 见王元化：《九十年代日记》，浙江人民出版社 2001 年 7 月版，第 69—70 页。

发表了一篇记者采访王元化先生的文章，追思钱锺书，题目为《一代学人的终结》。

王元化对钱锺书先生的评价很高："钱先生去世，意味着本世纪初涌现出来的那一代学人的终结。"[①]他认为，钱先生学贯中西、融汇古今，他的治学态度和学术成就堪称那一代学人中的一个代表，他的人品也是后辈学人的楷模。

王元化绝少高调赞人，这样的评价想必是非常不容易的。钱锺书先生之后，确实在他那一代人中再也找不到一个能像他那么有学问的了。

这篇报道还提到了张可和杨绛的交往。她们相识于抗战胜利后，从事戏剧工作的张可曾经向杨绛约写过剧本。后来杨绛先生写的两个喜剧《弄真成假》和《称心如意》都上演了，反响很好。

王元化还称赞道，钱锺书先生抗战之后在上海发表了学术文章，这

《钱锺书夫妇》，选自《邓伟摄影作品选》（重庆出版社 2003 年 3 月版）

① 徐春萍：《一代学人的终结》，1998 年 12 月 24 日《文学报》。

些文章显示出钱锺书先生非常深厚的国学、西学功力。做学问，记忆力是基础。钱先生的记忆力真是惊人，中国古时称赞文人常常用“博闻强记”这四个字，这四个字放在钱先生身上，一点也不过誉。他的学术著作广征博引，信手拈来，令人佩服。

元化先生对采访的记者说，钱锺书先生的生活很简朴。他的家与我们现在许多讲究装潢的家庭根本不能比。他家一进门的客厅，一边一个大书桌，一个是钱先生的，一个是杨绛的。钱家的藏书不太多，甚至也没有多少值钱的文物。近年来钱先生被病困扰，无法再悉心做学问，实在可惜。

可是时间上溯到1948年2月，情况就不大一样了。当时，满涛、肖岱、樊康三人在上海编了一本纯文学刊物，名叫《横眉小辑》。在这本“一世而亡”的刊物中，收录了署名“方典”的一篇文章《论香粉铺之类》，文中这样批评钱锺书的长篇小说《围城》：“在这篇小说里看不到人生，看到的只是万牺园里野兽般的那种盲目骚动着的低级的欲望”；作品中“有的只是色情；再有，就是雷雨下不停似的油腔滑调的俏皮话了”。“忽略了一切生存竞争的社会阶级斗争”。这些以偏概全的批评，类似现在的某些“酷评”，不足为训。据王元化《我与胡风二三事》一文自述：“抗战胜利后不久，我就到北平在国立北平铁道管理学院任教了。那时满涛给我来信说，他和萧岱、樊康常到胡风家去。后来他们办了一个小型刊物，把我写的一篇《论香粉铺之类》发表在他们办的《横眉小辑》上。这篇文章本来是寄到《时代日报》给楼适夷的，满涛他们看到，拿去就作为《横眉小辑》丛刊第一集题目了。”显然，这位“方典”先生就是王元化本人。

对于这篇文章，王元化晚年的态度也是很有意思的。在20世纪快要结束的时候，王元化有一次与一位学者谈到早先对《围城》的批评，坦率直言“那是小题大做，即使有一定的正确成分，但根本就是错误的”①。这不失为真诚的反思，这里特予记载。

王元化原先打算将此文收入自己的《集外旧文钞》一书。上海作

---

① 详见陈青生：《年轮：四十年代后半期的上海文学》，上海人民出版社2002年1月版，第313页。

家协会研究室主任冯沛龄根据亲身经历说：

《横眉小辑》仅出一期，即告结束。据估计，全国仅存2—3册，十分稀有。该刊有王元化先生以笔名“方典”撰写的《论香粉铺之类》一

钱锺书、杨绛签名送给王元化的《谈艺录》和《管锥编增订》书影

1981年摄于钱锺书（左）寓所。钱将其收藏的端砚给王元化（右）看，中为社科院外文所所长叶水夫

文，因涉及对当时出版的《文艺复兴》杂志上登载的钱锺书小说《围城》的文学批评，文坛颇有争议，影响甚大，故来查阅问津者甚多。资料室原有一本典藏，不知何故遍寻不着。几年前，元化先生曾托我代为查找，以将该文收入拟议出版的《集外旧文钞》中。我托多人赴北京等地查阅这本刊物，均无结果。去年春天，在尘封的资料堆里，突见一份陈旧的上海市公安局卷宗，翻开一看，正是众人寻它千百回的《横眉小辑》，不禁喜出望外，正是踏破铁鞋无觅处，得来全不费功夫。仔细看那卷宗，上面用钢笔字写着"证据材料"及"订密卷"几个大字。此刊为何落在故纸堆里深藏数十年，至今仍未搞清，也无须追根究底了，刊物失而复得，毕竟是一件十分愉快的事。[①]

但后来，王元化并没有把《论香粉铺之类》一文收入《集外旧文钞》，也放弃了将之收入全集的念头。有一次陈子善偶然与他谈到这篇文章，问王先生是否会把它收进全集里，王先生笑着说，"那就不收了吧。"看来，王先生晚年是"悔其少作"，深觉这样的骂街文字入集是欠妥的。

那么对于钱锺书，王元化是否真如公开场合下表现得那样崇敬呢？其实未必。据李怀宇《为学不作媚时语，反思多因切肤痛》一文记载，王元化曾说："王国维和陈寅恪是20世纪可以传下去的学者。那是大学者，我们这种是不能与之相比的。钱锺书也是不能与之相比的。"[②]如果说，这里在扬王、陈的同时顺带贬了一下钱的话，那么在私下的场合，王对钱的批评就不留情面了。据王春瑜《贾植芳的人品最好》一文说，1998年，作者去衡山宾馆拜访王元化，"元化先生谈话的内容很广泛，对钱伟长、钱锺书、金庸等，都有尖锐的批评。"[③]他没有说，王的批评怎样"尖锐"，又批了钱的哪一方面，但我们总可以知道，王内心对钱是有保留甚至于不满的。1948年如此，40年后的1998年亦然。

写到这里，人们不禁要问，钱锺书对王元化的态度又如何呢？两人

---

① 冯沛龄：《故纸堆里觅宝记》，《上海档案》2002年第3期。
② 2008年5月14日《南方周末》。
③ 2008年7月6日《文汇读书周报》。

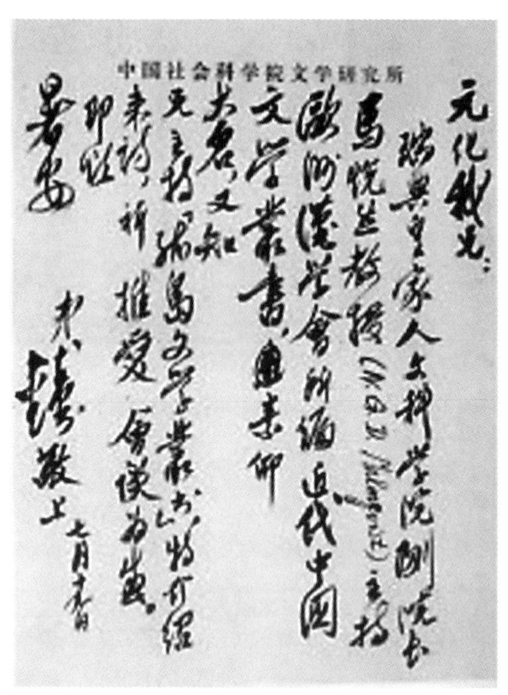

中国社会科学院文学研究所

元化我兄：

瑞典皇家人文科学院副院长马悦然教授（N.G.D. Malmqvist）主持欧洲汉学会所编近代中国文学丛书，素仰大名，又知兄主持孤岛文学丛书，特介绍来访，祈推爱会谈为盼。即颂

著安

弟钟书敬上 七月[illegible]

钱锺书写给王元化的信笺

在第一届国务院学位委员会文学学科评议组开会时就应该相识。据前引《1991 年的回忆》一文记载，80 年代初，钱曾将瑞典汉学家马悦然介绍给他："当时钱先生曾向我说，我不会把不相干的人介绍给你，这个人是不错的。"这件事，在最近被拍卖的一封钱锺书致王元化的信函中得到证实。信是这样写的："元化我兄：瑞典皇家人文科学院副院长马悦然教授主持欧洲汉学会所编近代中国文学丛书，素仰大名，又知兄主持'孤岛文学丛书'，特介绍来访，祈推爱会谈为盼。"这封介绍信写得十分客气，却并不亲切。

在私下里，钱锺书也终究忍不住要谈王元化的。我们有幸看到汪荣祖在《史学九章》一书中所附钱锺书致汪荣祖信函的影印件，方知钱锺书对王元化的真实态度。钱对汪说："来信所言在沪交往四君，皆旧相识，王君昔尝化名作文痛诋拙著，后来则刻意结纳，美国俗语所谓'If you can't lick'em，join'em'者也。弟亦虚与之委蛇，要之均俗学陋儒，不足当通雅之目。兄沧海不捐细流，有交无类，自不妨与若辈遇从尔。”①

这信中的口吻，比致王元化的那封亲切多了。不过不幸的是，此中所涉“痛诋”钱著的“王君”，正是王元化！而“俗学陋儒”四个字的评价，简直令王元化情何以堪！

文人相轻，自古而然，司空见惯，不足为怪！这里，不妨立此存照。

① 汪荣祖：《史学九章》，三联书店 2006 年 3 月版。

两任宣传部长的友谊

——王元化与彭柏山

彭柏山（1910—1968），原名彭冰山，湖南茶陵人。1931 年，加入“左联”领导下的文艺研究会，继而担任“左联”大众教育委员会书记，创作上得到鲁迅的鼓励和帮助。1934 年，发表了最早反映苏区人民斗争生活的短篇小说《崖边》。同年被捕，1935 年，在狱中加入中国共产党。1937 年，获释后参加新四军，至全国解放一直担任政治宣传领导工作。

新中国成立后，彭柏山任华东军政委员会文化部副部长，又任中共上海市委宣传部长。王元化时为上海新文艺出版社副社长兼总编辑，两人的工作关系是上下级，文学上都尊奉鲁迅，又都认识胡风，为论学之友。但在“反胡风运动”中都受到批判。那时王元化只是坚持认为

彭柏山与家人，时在 50 年代

胡风不是反革命而无其他情由，竟于1955年6月上旬被关入公安机关的隔离室，直到1957年2月下旬被释放回家，定为“胡风反革命集团”的骨干分子，开除出党，行政降六级。

彭柏山也因“胡风冤案”受到株连，被错误地定为“胡风反革命集团”一般分子，开除党籍，撤销党内外一切职务，行政降四级。1956年12月14日，彭柏山被释放回家。他回家后第一件事，就是按照以往的习惯：记日记。他在日记本的扉页上写道：“倘能生存，我当然仍要学习……”（用鲁迅致曹白信中语）他常常终日坐在窗前，直到看着太阳从西边落下去，内心陷于极度的痛苦中，这痛苦较之和正面的敌人搏斗所受的创伤是更为深刻和凄楚的。

1957年1月，组织决定派彭柏山去兰州大学教书。彭柏山得到通知后，考虑再三，他认为：“现在要继续为人民服务的范围是非常狭小的，如果从事创作，对人民也许有新贡献。”经过一再请求，市委批准给他一年时间的创作假，彭柏山知道后，显得有些兴奋，他在日记本上写道：“我要继续生活下去，战斗下去……我此次写作，不仅纪念那些死去的战友，而且作为我向人生的告白，留下一点生活的记录，作为历史的见证。”于是，他又以“七战七捷”苏中战役为题材，创作了《战争与人民》的长篇小说。

过不久，王元化被释放了。彭柏山得知这一消息，就去探望王元化。王元化的专案是张春桥插手的。因为他坚决不承认胡风是反革命，张春桥对他百般折磨，迫使他害了精神分裂症。释放回家后，他一面治病，一面休息。他和彭柏山时相往来，成了《战争与人民》的第一位忠实读音。对此，彭柏山的女儿彭小莲①介绍说：

---

① 彭小莲，1953年6月出生，湖南茶陵人，中国电影导演。曾在江西插队九年，1978年考入北京电影学院导演系，毕业后分配到上海电影制片厂从事导演工作。1989年，彭小莲应邀到纽约大学电影研究院任访问学者，一年后申请就读学位，暂时告别中国影坛。进入90年代以后，彭小莲回国担任独立电影制片人，并且仍然继续从事导演工作。1996年她参与改编了影片《我也有爸爸》，获得极大成功。同时，独立执导了《犬杀》，该片通过一起狗咬主人致死的离奇事件，引发出一桩扑朔迷离的谋杀案，情节曲折，引人入胜，具有一定的思想性和艺术性。1998年，为纪念上海解放50周年，彭小莲执导了影片《上海纪事》。该片从一个独特的角度反映了上海解放这一重要历史转折时期，描写了中国共产党在接管特大都市时采取的一系列有力措施。彭小莲熟练的电影表现手法使影片艺术地再现了这段难忘的历史，成为上影完成的第一部国庆50周年献礼佳作。该片获得了1998年度中国电影华表奖最佳故事片奖。

还是在1957年初的时候，他刚从监狱出来，就开始着手写这本书了。当时，元化叔叔是他唯一信任的朋友，于是他把写过的每一稿，甚至每一个章节都拿去让他看看，听取他的意见。似乎在1959年底，在临去青海之前，爸爸的第一稿完成了，他把稿子首先寄给了当时的中央宣传部长周扬。

他总觉得周扬是会帮助他的。但是，稿子很快就退了回来。周扬告诉爸爸，他的作品不能发表，因为离开毛主席的革命军事路线，离开毛主席的伟大思想太远。他写的女主人公小资情调太重，不能正面表现我们伟大的人民战争……爸爸认真地听取了周扬的意见，接下来的日子里，他一稿又一稿地改写着这长篇小说……

很多事情是说不明白的。元化叔叔最后跟我说："你父亲那时候，还是有一份幻想。他总以为自己是鲁迅的学生，虽然政治上出了问题，但是他的作品是可以和他的政治问题区分开来的。他亲自参加和指挥了淮海战役，在这点，他认为，中央一定会肯定他的功绩的……"①

王元化和彭柏山的关系一向很好，现在，彼此经过一场风雨雷电的考验，同时无辜被打成"胡风分子"，同是无端被开除党籍编入另册的人，虽然如此，他们不减当年的风姿，谈锋很健：谈文艺，谈创作，谈理论，谈过去各自经历的战斗生活，谈古论今，到了推心置腹的程度。彭柏山成了王元化落难后，少数几个一直与他保持友情和往来的朋友之一。

有一次，两人悄然而谈。

王元化说："不知古月（胡风）现在怎么样了？"

彭柏山说："谁知道呢？可能也做了结论了吧？！"

王元化又说："问题搞得这么严重，恐怕是古月始料未及的吧？！"

彭柏山说："古月要知道株连这么多人，准要发神经病。"

实际上，这时候的胡风还被关在昌平秦城监狱里呢。

谈着谈着，他们互相勉励，要求自己为未来美好的生活而工作、学

① 彭小莲：《他们的岁月》，上海文艺出版社2000年3月版，第203—204页。

习，希望有朝一日，重新回到党的怀抱。

彭柏山说："我敢断定，20 年以后，这个案子可以平反。"

王元化答："这个案子要平反，那是肯定的……"

彭柏山想到一个人能有几个 20 年？自己年将 50 岁了，因此似乎有些悲观，说："我的年纪比你大，恐怕等不到平反这一天了。"

王元化说："我有信心，你也应该有信心。我们都要耐心等待着，坚强地活下去。"

彭柏山默然。

彭柏山依然惦记着胡风，思念着还在苦难中的挚友。可是每个人的命运，都不是凭主观的愿望可以转移的。从此以后，他们再没提及"古月"了。

有一天晚上，王元化与彭小莲又说起当年的往事，元化先生说："那时候，我才真是幼稚啊。刚从监狱里出来，还振振有词地跟你父亲说，我要给主席写信，我要告诉主席，是有人在里面捣鬼，我们都是冤枉的。他们在欺骗主席，我们不是反革命。"

彭柏山摇了摇头，说："元化，你怎么一点不明白啊，就是他啊……"彭柏山没有把话说完，仅仅是伸直了他右手的食指，在一片沉默之中，清清楚楚地朝上指了指。

王元化紧张地看着彭柏山。

彭柏山肯定地点了点头，依然伸着那根食指："就是他……你千万写不得啊，你写了要出大事的。"

当时只是这么一个小小的动作，一旦有人告密，同样是可以置人于死地的。难怪连王元化都会感到一阵惊恐——彭柏山的思想什么时候走得那么远、什么时候学会了怀疑？

接着是一片沉默。

此时无声胜有声。

回想起这一情形，王元化叔叔感慨地说："我当时真的很惊讶，不是你父亲跟我说这话，我说不定就给主席写信了。那会惹出多大的事情来啊，怎么再敢往下想。"

王元化与彭柏山最后一次见面，是他被调去河南农学院前。王元化忆述道："他来的，他来的。就是那一次，他来告别。他除了自己家里，就到我这里来。他也没有其他的朋友了。他来时，我记得是下午。我们就坐在那个吃饭的桌子上的。他说：‘我要到郑州去了。’我说：‘你怎么要去郑州了？’他说：‘是啊……’连他也搞不清楚什么原因。他总觉得有人在搞他。我给了他首诗。诗，我现在还保存着。这首诗是《送彭柏山上路》，是什么时候写给你爸爸的呢？实际上是他刚刚到青海去，回来跟我讲了。他中间不是回来过几次，我已经跟你讲了，他完全是充军发配去的心情，在这种情况下我写了这首诗，但我并没有给他。直到我们最后一次见面的时候，我把诗给他了。现在想想这事情真是非常怪的。”又说：“他已经要走了，我叫住他，我说：‘柏山，我有一首诗，我要送给你的，我一直没有给你。’他就说：‘啊，你就给我吧。’我说，‘这就写给你吧。’那时还是住在皋兰路上的时候……”①

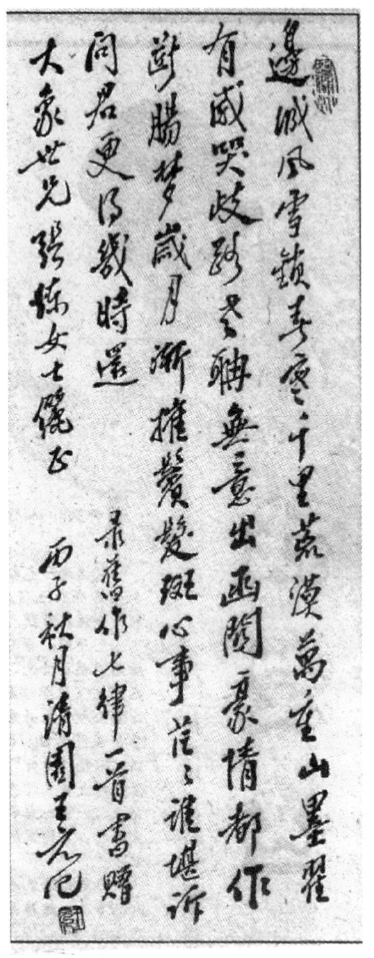
边城风雪锁春寒千里荒漠万重山墨翟
有感哭歧路老聃无意出函关豪情都作
断肠梦岁月渐摧鬓发斑心事茫〻谁堪诉
问君更得几时还 录旧作七律一首书赠
丙子秋月清园王元化

王元化《送彭柏山上路》诗

彭柏山发配外地，前途坎坷，道路漫长，谁也预料不到此后的情形，离情别绪之外，更有说不清道不明的家国忧思，王元化于是作七律《送彭柏山上路》，诗曰：

边城风雪锁春寒，千里荒漠万重山。
墨翟有感哭歧路，老聃无意出函关。
豪情都作断肠梦，岁月渐摧鬓发斑。

① 引自彭小莲：《他们的岁月》，上海文艺出版社 2000 年 3 月版，第 201—202 页。

心事茫茫谁堪诉，问君更得几时还？

阮籍哭于穷途，墨翟哭于歧路，往何方去是那一代知识分子的共同迷惘，心事苍茫尽在于此矣。老聃当年出函谷关，骑青牛涉流沙万里，人言仙去，如今，西去者但有黯然愁肠，两鬓华发，梦里豪情而已。王元化此诗，其情其事，实是包含了自己的命运感慨在里面。只是，他没有想到末一句诗“问君更得几时还”竟成谶语，彭柏山就在“文革”初含冤去世了。

30 多年后，王元化追忆道：“有较长一段时间，我被夺去了写作的权利。在那艰苦的日子里，我曾写了一首七律送给一位和我共遭磨难如今已故的友人，借以抒吐当时的抑郁情怀。我从来没有作过诗，今后大概也不会再作了……”他还进一步解剖自己：“我不想为自己掩饰，这是由于渴望工作却不能工作而流露出来的一种颓唐情绪，自然不足为训。”①

到 1979 年底的时候，王元化上北京参加文代会。在会上，他拿着彭柏山的小说去找中共安徽省委宣传部部长赖少其，看能不能在安徽出版。赖少其接过书，说：“我先把它给《清明》杂志，让他们先选择几个章节，先发一部分。”于是，《战争与人民》就摘要发表了。

后来，彭柏山的《战争与人民》终于出版了。尽管王元化也在为其奔走、为之说情，但是他会一点不含糊地跟彭小莲说：“唉，你父亲干什么去写那么一本书呢，什么伟大的军事路线。这有什么价值？文学的价值，还是写人……你说，谁会去看呢？”

“但是，当初爸爸不这么写，就不可能发表。”彭小莲说。

“你父亲就不该去写这种东西。你想想，他如果能把自己经历的一生，非常真实的，点点滴滴，详细地写下来，那留到今天，会是一本非常有价值的作品。他在湘鄂西的那段经历，我都不知道。为什么不好好写写这些事情？”王元化又说。

彭小莲解释道：“这怎么可能？在那样的年代，什么人敢写真实的东西？连私下里想都不敢去想。”

---

① 引自王大象：《王元化〈送彭柏山上路〉》，1997 年 2 月 6 日《解放日报》。

王元化与彭柏山的夫人朱微明(右二)等亲属在彭柏山的骨灰盒前留影

王元化说:“我还是那句话,那就什么都不要写嘛。”

不过,王元化也非常公允,他对彭小莲说过:“你父亲不是一个非常简单的人。那时候,大家都被‘大跃进’‘三面红旗’搞得脑子发热的时候,你父亲就跟我说:‘看吧,二十年以后,一定会重新评价这个运动。’当时有人能这样思考,是很不简单的。我们那时候,就在那分析和批判着。所以,如果你父亲能好好地把他自己思考的东西写下来,把自己经历过的事情写下来,那就是留给后人多么有价值的一份东西啊。”

“这是不可能的。”

“为什么不可能?你看在斯大林的暴政下,在那么残酷的时代,苏联的一些知识分子还是写出了一些东西,写出了自己的经历。那是很有价值的东西,这是为后代了解历史,不是为自己。”

两人相对无语……

1980年6月28日,上海市委组织部在上海龙华公墓举行了彭柏山的骨灰安放仪式,为他平反、昭雪。

1983年10月31日,经组织批准,在彭柏山的骨灰盒上,加盖中国共产党的党旗，由时任中共上海市委宣传部部长的王元化同志代表组织加盖。

彭柏山平反后，时任中共上海市委宣传部部长的王元化在烈士陵园为彭柏山的骨灰盒覆盖党旗

诗人不朽
——王元化与辛劳

辛劳的生平事迹，现已鲜为人知。辛劳(1911—1945)，原名陈晶秋，化名陈中敏，笔名有肖宿、叶不雕等。内蒙古海拉尔市人。辛劳写过一些散文，但最为出色的是诗歌。除代表作《捧血者》外，还有长诗《望家山》《秋天的音符》《五月的黄昏》等，短诗数量就更多了。他的一些反映新四军军旅生活与抗战风云的诗作，是当时上海的其他诗人所无法比拟的，在抗战文学史上留下了浓重的一笔。辛劳先后结集出版了一些诗集。因为时间的久长与战火纷乱，辛劳的名字与他的诗歌一样，已渐渐淡出时代，被人们所遗忘。一些专门研究现代文学的书籍与辞典也常常遗漏辛劳的名字。

辛劳遗像

"九一八"后，辛劳与东北文学青年流亡来沪。1932年5月加入"左联"，从事写作，并参加革命活动。曾在上海私立江苏中学任教；"卢沟桥事变"、"八一三"后，入上海国际第一难民收容所从事宣教工作。1938年去皖南新四军，先后在战地服务团及金华、浙东一带从事救亡文化工作。旋返上海，参加革命诗歌团体行列社活动。皖南事变后，往盐城苏北文协工作。约于1942年至1945年间被敌人所害。作品有诗歌《捧血者》《五月的阳光》和《深冬集》(未能出版)，散文有《古屋》和《炉炭集》等。

王元化之认识辛劳，则早在抗战初期。元化先生说，他第一次见面是在1938年春天。当时才17岁的王元化只身从北平来到上海，参加了在上海的平津流亡同学会，帮助做些与文艺界人士的联络工作。

那天，王元化带着介绍信去马斯南路（今思南路），寻找在上海国际第一收容所从事难民文教工作的辛劳，请他为平津流亡同学会讲授文学创作。

马斯南路是法租界一条幽静整齐的马路，平时车辆不多，在并不宽敞的柏油路边，栽着两排望不见尽头的梧桐，树上布满绿色的嫩叶。收容所是用竹子和木板搭成的简便房屋，虽粗陋，但清洁，一切都井然有序。室内有几个青年人，其中一个看见王元化，向他走来。

王元化向来人说明来意，他没有作声，只是用一双湿漉漉的鹰眼注视盯着，要王元化跟着他走。经过了两三间屋子，他才停下来，还是不作声，盯着人看。直到王元化把信交给他，说明要找辛劳先生，他才用几个简单的字说，要找的就是他。

这时，王元化才细细打量了一番辛劳。他有一张狭长的脸，一头蓬乱的卷发，穿着一件叫作“乌克兰衫”的俄罗斯农民服式的上衣。这身打扮很特别，感到他在刻意模仿普希金，他的不修边幅的样子也确实有点像，谁都不知道，他的卷发是天然的。

其时，辛劳刚从东北流亡到上海，参加了“左联”，并加入诗歌组织“行列社”，与锡金、关露、朱维基等投入诗歌创作。可是见面后，当王元化说明来意，说不上是什么原因，辛劳却婉拒了这次邀请。但他仍热情地写了张便条，向王元化推荐了另外一个人。

这就是辛劳留给王元化最初的，说不上特别好的印象。

王元化回忆说：“后来我发现他给人的最初印象几乎都是不好的。他不仅口吃，也不善于讲话。他的大舌头发音含混，加上他的语言表达能力不强，往往不能把自己的意思完全说明白。他总喜欢盯着人看，好像要在你身上发掘什么可疑的东西。这种对人的习惯，使人感到不舒服。那时他比我要大八九岁，但我觉得他并不比我成熟。”

在这以后不久，辛劳有时也到平津流亡同学会来坐坐。他还为其所办的小刊物写一两首小诗，但平津流亡同学会的同学并不欣赏他写的诗。王元化“记得他第一次拿来的两首，其中一首题名是《发霉的鼻子》。这首诗仅有七八行。我觉得诗的题目显然是套用涅克拉索夫的《严寒·通红的鼻子》。涅克拉索夫这首长诗我读过，我很喜欢他的沉郁风格。其中所描写的那个在荒野森林中踉跄前进后来迷失在茫茫风雪中的农妇，使我从一个平凡质朴的女性身上看到了崇高和伟大。但辛劳的诗显示了什么境界呢？我觉得他的诗缺乏意境也缺乏语言的美。这并不是我一个人的看法。在平津流亡同学会负责的一位燕大同学，是个政治性很强的人，常常用小说《毁灭》中的美谛克去嘲笑一些知识分子。但他也读了不少文艺作品，特别是罗曼·罗兰的作品。在辛劳交来的另一首诗中挑出‘唱出心弦’这样的句子，以不屑的口气批评道，为什么不说‘弹出心弦’呢？那时我周围一些人就是这样看辛劳的。我对辛劳有了较多的理解，并对他写的诗和散文由发生兴趣而喜爱是在这以后的事”。

1938 年下半年，辛劳带领收容所的一批青年难民到皖南新四军去了。此时王元化还留在上海，他听到渐渐由那里传来消息说，辛劳去后心情并不舒畅，似乎身体也不好，在咯血了。可是详细的情况究竟怎样，“孤岛”上的朋友谁也说不清楚。直到 20 世纪 90 年代，王元化对当时不少文化人在皖南的遭遇才算有了一些了解：这是一种基于农民意识的“反智主义”在作祟。其实，早在太平天国革命时期就已经有了这种迹象，土地革命时期也出现过“打倒知识分子”的口号。

1939 年初，王元化被组织派遣，随上海各界救亡联合会组织的慰问团赴皖南，到了新四军军部进行慰问。

在服务团时，王元化恰巧被安排住在辛劳那个单独院落里。辛劳曾在他后来出版的散文集《古屋》中描写过它。这个院落很小，只有几间屋子。一进院门，左右各有一间，辛劳住一间，另一间是聂绀弩①住的。王元化去的时候，聂绀弩出差到金华了，要过一阵才回来。

那时，辛劳不知道王元化会来，一见到他，显得十分高兴。其时他因咯血，没有做什么工作，一人独处，感到相当孤独。这段日子辛劳和王元化朝夕相处，比在上海时熟悉多了。最初，他们在谈到文艺问题

---

① 聂绀弩：现代诗人、散文家。曾用笔名耳耶、二鸦、箫今度等。1903 年出生于湖北京山县城关镇。历任中国作家协会理事、香港《文汇报》总主笔、人民文学出版社副总编辑等职。聂绀弩落拓不羁，我行我素，不拘小节，周恩来说过他是“大自由主义者”。当年《申报》的《自由谈》上，有两个人的杂文与鲁迅神似，一是刻意学鲁的唐弢，一是随意为之的聂绀弩，他被认为是鲁迅之后的杂文第一人。晚年，聂绀弩运交华盖后又写起旧体诗来，古怪而又美妙，实为文坛一绝，堪称“我国千年传统诗歌里的天外彗星”。他的作品多已汇集为《聂绀弩全集》。

时，曾发生过相当激烈的争论。争论的问题王元化后来已不复记得，但就是在当时辛劳对文艺的理解要比王元化深刻得多。

早先，王元化因受到由日本传入的苏联文艺理论的影响，在不少观点上有机械论倾向。他们争论时，都动了感情，两个人全拉长了脸，谁也不理谁。

可这次争论只是成了他们日后友谊的一个曲折的前奏。第二天，两人又重归于好，前一天的乌云消散了。他们在感情上迅速接近起来。在王元化眼里，辛劳是一个很有个性的人，他不轻易放弃自己的看法和主张。他告诉王元化，他到了这里之后，由于读《红楼梦》，遭到不少嘲笑和批评，对此他一直想不通。更使他感到痛苦的是和他一起来的女朋友，发现他到了根据地并不像她所想的那样显示自己的革命才能，相反在许多方面倒成为被人指摘的目标，而对他的态度完全改变了。她调到另一个地方，几乎完全和他断绝了音讯。

一天，当王元化要到她所在地去的时候，辛劳要其带一封信给她。王元化把信设法转给她，但并没有得到什么回音，这事就这样徒劳无功地结束了。

辛劳所著《捧血者》封面，
此书由王元化先生作序

在王元化的记忆里，他清楚地记得："我在服务团的那些日子，最使我难忘的是辛劳把他写的长诗《捧血者》拿给我看。这首诗刚完成不久，他经过了反复修改。我还看到修改前的初稿，我把两者对勘，发现初稿许多地方已大段大段地被砍了。还有不少段落后来留下来的只有寥寥几行。辛劳把他的全部心血都倾注在这首长诗上。在当时那样的环境里没有人会像他那样去做的。他对文学的不顾一切的执着，真是使人感动。半个多世纪过去了，至今我还记得他为我朗诵自己诗歌时的情景。他的脸因为兴奋而发红，眼睛闪耀着灼热的光，两片薄薄的嘴唇微微发抖，声音在震颤……这时你不由得会对他产生好感。后来我读到吴强回忆皖南的文章，他说辛劳为他和聂绀弩等朗诵《捧血者》时，常常被听的人所发出的赞叹打断。我不懂诗，也没有写过一首新诗。读了《捧血者》后，我开始读辛劳的诗，我变得很喜欢辛劳的诗了。我被辛劳的诗所感染，领会到了辛劳诗中的真情至性，它的感情波澜和思绪的起伏回荡。但是那时我还不能用明白的语言说出我的感受，虽然我确实感到了它们，自然我也有不理解的地方。"

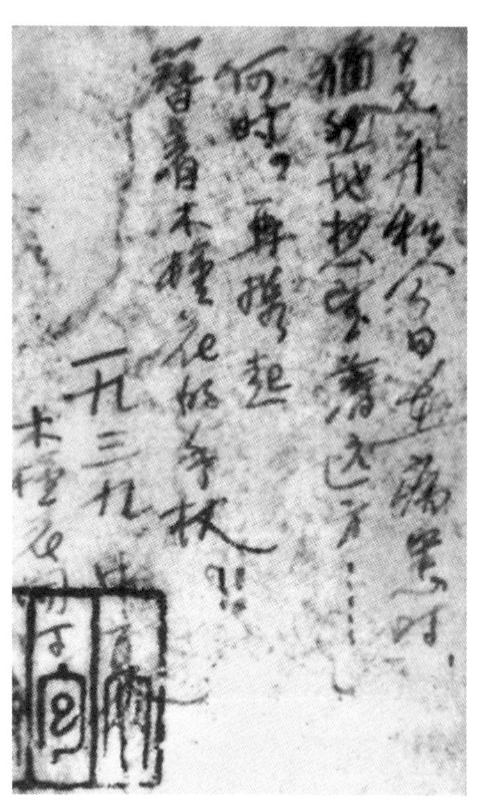

辛劳手迹

在这首长诗中，辛劳倾述了对故乡的眷恋，对国破家亡的控诉，对勇敢、自由和光明的追寻。他写道：

> 我的剑不能锈在鞘里；
> 我的血不能随生命衰枯，
> 要奔放，流向天野，
> ……
> 就像初春的晴阳，
> 播送金色给大地。

这样的诗句，形象，有力，意蕴丰厚，艺术上已达到炉火纯青的境地。

时光漫过了60多年，王元化仍然清晰地记得这难忘的一幕幕，娓娓叙来，亦动了感情，仿佛沉浸在那段过去的岁月里。

也是从这以后，王元化转变了对辛劳的诗及他的为人的看法，开始喜欢读辛劳创作的更多的诗歌，愈发觉得辛劳是一个不媚时俗，不会掩饰自己真性情的诗人。他强调："诗人需要这样的性格，但要用同样的态度处世就未免不合时宜了。这使我感到，我刚认识辛劳时对他所产生的不好印象就是由这样的性格所引起的。如果他懂一些世故，懂一些人情，情况就可能会两样了。但是，他不懂，也许他是懂的，但偏偏不愿照世俗行为去做。"

王元化说，当时，看出辛劳诗的真正价值的是聂绀弩。他们两人在服务团那个小院落里比邻而居的时期，结下了深厚的友谊。但是不久聂绀弩调离了皖南。辛劳写了一首送别诗，记述两人在小河边离别的情景。辛劳伫立在河边，望着船夫将竹篙插入水里，渡船缓缓地离开了岸。聂绀弩站在船头，马儿依在身旁。他低着头，没有向岸边看，渡船渐渐远去……这首诗里充满了诗人的深情。

后来在"孤岛"局面结束以前，辛劳曾经从新四军回到上海。他在上海的生活很艰苦。一次正当上海潮湿期，连下了几天暴雨，街道都被积水淹没了。夏天是酷热的，有好几天王元化因为大水没有出门。突然辛劳走上三楼推门进来了。他说，关在家里实在闷不过，所以用手中最后一点钱叫了一辆三轮车，涉水出来。

辛劳在上海很少和人接触，此时见到王元化感到特别高兴。但王元化觉得他太由着自己的性子了。难道不会等几天再来？他如果坐电车来看，只要几分钱就够了。

王元化记得辛劳那天谈得很兴奋，说在这些日子里常常挨饿。他竟把饿的感觉，一一记下来，写下了30来条。他在回到上海的时期，全靠投稿拿点稿费过活。这天他对我说稿费用光了，新投的稿子一时还拿不到稿费。他有几天没有吃肉了，很想吃炸大排，问有没有钱。那时王元化用的是家里的钱，他掏出身上所有的五块钱，辛劳高高兴兴地拿走了。在他们的来往中，这是很平常的事，朋友之间有无相济。谁有谁拿出来,没有的向有的人去要,谁也不把这当回事。

辛劳在上海报刊上发表的文章渐渐多起来,他也有一两本书出版了。他的才能终于得到了承认,但主要是在"孤岛"范围内,而且还只限于"孤岛"文学界的狭小圈子里,社会还是不知道他。20 世纪 90 年代,王元化曾经说过:"当我今天回顾'孤岛'文学的时候,我要说在我们这些从事文学写作的朋友中间,辛劳是最有文学才能的。我说的才能是指一种艺术感受,即对大自然、社会世态和人类心灵,往往体会到一般人所未见或虽然见到却被忽视的方面。作者在表现这些体会时,自然而然地注入了自己的个性特征,从而使自己的作品具有一种与众不同的特有情趣。在这方面,我认为当时我们中间是没有人可以和他相匹敌的。辛劳的作品不一定写得深刻,但却是独创性的,总带着性格的烙印。虽然他的诗歌和散文有时也不免留下那个时代的某种模式的痕迹,但在朋友之中我敢说在当时他是唯一能够摆脱教条束缚的人。他在创作的时候不能忍受所伤个性或违反自己的艺术感受的事发生。一次,他写了一首题名《土地》的长诗投给《奔流》文艺丛刊,当时负责编务的是蒋天佐。诗在《奔流》第一辑上发表了。我读了很喜欢这首诗,认为在辛劳的诗歌中堪称佳作。"

《奔流》出版后,在满涛家里开了一个小规模座谈会。大家谈得正高兴,辛劳发言了,他说蒋天佐修改他的诗并没有征求他的意见,他对此有看法。辛劳突如其来的发言,使空气立刻变得严肃起来。蒋天佐忙解释说,他很喜欢这首诗,他动手修改是为了使这首诗更好,但蒋天佐的说明并不使辛劳满意。

过了几天,辛劳去看王元化,他仍对此事感到不快。他说:"我写的是我的家乡和我对家乡的感情、感受。我家乡出葡萄酒,天佐却把它改成了酸米酒,可是我家乡并不出酸米酒怎么办?"当时延安正提出了"中国作风,中国气派",大后方也正在进行民族形式问题讨论。辛劳举出的这个例子,可以说明天佐删改的原则分明是觉得葡萄酒不如酸米酒民族化。当时王元化是同情辛劳的,在开座谈会时,尚不清楚事情经过,没有为他辩护,别人也都没有说过一句话,事情就这样过去了。倒是辛劳本人不久以后,在《新文丛》上发表了一篇《树和剪树的工人》(《旅客及其他》中的一节),作为对此事的回答。这是一篇散文,也是一篇艺术性的批评，深刻，尖锐，却丝毫没有意气用事的意味。虽然他在真理问题上坚持自己的主张，但他是以平心静气的态度提出自己意见的。这类争论文章就像他的创作一样，显示了他的气质。这不是可以学到的。

辛劳去皖南后是他创作的旺盛时期，这时期他一直在生病。病的阴影总和他的作品相伴随。病给他带来痛苦，使他的作品显得病态，但同时也磨炼了他的诗才，使他沉静下去，感情内敛，想得更深，感受得更多、更细……

1941年底，太平洋战争爆发，上海全部沦于敌伪之手，从此辛劳再没有回到上海来。王元化最后一次见到他，是他临去苏北前来向其告别。

辛劳去世的年月当时就没有人知道。抗战后不久，王元化听林淡秋说，大约一胜利，辛劳就从苏北回来，经过韩德勤驻地，被捉去杀害了，那时他才30多岁。辛劳被害的详细经过虽经多方打听，但始终不清楚。所以王元化说，辛劳活得寂寞，也死得寂寞。

时至20世纪80年代初，王元化就提出过为上海"孤岛"时期的重要诗人辛劳编印出版集子的事，并在《新文学史料》杂志上撰文对辛劳作了专门介绍。现代文学研究专家陈梦熊先生经过多年的爬梳与收集，终于编成辛劳作品集《捧血者》，却迟迟未能出版。几年前，此书收入由巴金题签的"世纪的回响"丛书《作品卷》第一辑得以出版，颇得读者的广泛好评。王元化为此作序，他说："现在辛劳的名字已经很少有人知道，很少有人记得了。他的作品长久没有重印。各种现代文学大系都没有选入他的作品，现代文学史也没有提到过他的事迹，难道他真的将永沉于文学的忘川之中？我希望这本《〈捧血者〉及其他》[①]能够唤起人们对他作出公正的评价。"

王元化的这篇序先期在上海的《文汇读书周报》刊登，中国社会科学院历史所的学者王春瑜给王元化来信，提供辛劳的下落的线索。据王春瑜回忆说："我结识元化先生很迟，但也有11年了。1996年夏，他在《文汇读书周报》上发表《记辛劳》，深切怀念在'孤岛'时期结识的

① 辛劳的这本文集后定名为《捧血者》，由珠海出版社1997年4月出版。

老友。关于辛劳的下落,我珍藏的阿英编新四军出版的《新知识》杂志上,有条阿英亲自写的辛劳诗集的书讯,是条珍贵的史料,我便将此页复印,连同我写给元化先生的信,托该报编者转给他。元化先生看了此信后,很重视,亲笔来信道谢,并希望能进一步了解辛劳最后死难的详情。我托盐城、南京研究新四军历史的专家查阅史料,得知辛劳身患重病后,在东台被捕,死于敌手,但细节不详。以后我转告元化先生这些情况后,他仍然感到惘然,可见他对亡友是多么的一往情深。"

有一次,诗人屠岸向王元化谈了他的设想,准备组织几篇谈辛劳的文章,再配以辛劳的若干作品,在诗歌刊物上集中推出,以唤起人们对辛劳的关注与公正评价。

王元化微笑并连说:"好,好。要用历史的眼光来看待现代文学发展及其中的人物,那些为我国文学事业作过一定贡献的作家诗人,是文学的宝贵财富,今人不但不该忘却,还要承传并加以研究。"

两位真正的思想家

——王元化与顾准

最能引起思想界重视的是那些曾经被打压的学者，因为这些学者顶着巨大的社会政治压力，积极进行学术探索，对中国的思想解放运动做出了独特的贡献，他们是黑暗思想界的普罗米修斯，从历史、从异域盗取思想火种给中国。顾准就是这方面的杰出代表。

在这一方面，王元化先生对顾准的解读，动人心魄。他在评述顾准的《从理想主义到经验主义》时直陈该书所产生的巨大作用："我要说这是我近年来所读到的一本最好的著作：作者才气横溢，见解深邃，知识渊博，令人为之折服。许多问题一经作者提出，你就再也无法摆脱掉。它们促使你思考，促使你去反省并检验由于习惯惰性一直扎根在你头脑深处的既定看法。"①但顾准为获得这些思想学术成果，付出了极其沉重的代价，正是这样的代价，使他成为先觉者，登上了当代思想学术的巅峰。顾准为了从事学术研究，两次戴上右派帽子，妻子自杀，子女与他划清界限，老母近在咫尺却无缘相见。

顾　准

对此，王元化语气沉重地说道，顾准"这个在困难中迎着压力而不屈服的硬汉子，却具有一副富于人性的柔肠。像他这样一个珍视家庭亲情的人，一旦因为说出了浅人庸人所不懂的真理，就被置于万劫不复之地，而且不是由于他的过错，也不是由于妻子儿女的过错，却必须去

① 《顾准文集》，贵州人民出版社 1994 年 9 月版，第 225 页。

承受妻离子散的人间悲剧，这是怎样的一种精神酷刑！它比肉体上的痛苦和折磨更为可怕。”①

然而顾准却承受下来了——这是常人难以承受的。

2006 年出版的《人物·书话·纪事》一书，收录了王元化先生怀念顾准之作

作为一个思想者，顾准所思考的，因为具有颠覆性的解毒作用，随时都有可能招来杀身之祸，但是他做了。为什么？王元化认为，这是因为顾准“对个人的浮沉荣辱已毫无牵挂，所以才超脱于地位、名誉、个人幸福之外，好像吐丝至死的蚕，燃烧成灰的烛一样，为了完成自己的使命感与责任感，义无反顾，至死方休。所以，在造神运动席卷全国的时候，他是最早清醒地反对个人迷信的人；在凡是思想风靡思想界的时候，他是最早冲破教条主义的人。仅就这一点来说，他就比我以及和我一样的人，整整超前了十年”②。

顾准是一位出色的思想大师，他被称为具有“中国的脊梁”的“思想家”，正如吴敬琏所说：“顾准是一座巍然屹立、高耸入云的山峰。不管是在天赋的聪明才智方面，还是在道德文章方面，我们都不一定能接近于他所达到的境界。”③的确，对于一个立志服务于祖国和人类的人来说，当他发现西方文明中确实有许多为我国固有的文明所阙如的长处和优点时，凭着社会良知，他是无法不予欢呼或加以拒绝的。为了自己国家、民族的振兴和腾飞，汲取其他文明中的所有优点和长处，应当是无可非议的，那种虚妄的民族自大在这里不应当有立足之地。

顾准生于 1915 年 7 月 1 日，靠天分和自学成为会计学的翘楚之

---

① 王元化：《人物·书话·纪事》，人民文学出版社 2006 年 1 月版，第 30 页。
② 《顾准文集》，贵州人民出版社 1994 年 9 月版，第 226 页。
③ 吴敬琏：《何处寻求大智慧》，三联书店 1997 年 3 月版，第 390 页。

材，1934 年在上海组织马列主义秘密团体“进社”，主动联系并服从共产党组织的领导，于 1935 年加入中国共产党；1940 年，他毅然离开名高利重的职位，赴新四军工作。1949 年新中国成立后，任上海市财政局局长，并兼任上海市人民政府党组成员（党组成员还有陈毅、潘汉年、方毅等人）、华东财政部副部长；1952 年，在“三反”运动浪潮中，以所谓“思想恶劣阻碍三反”的罪名被撤职，在 1957 年的反右运动中，因为超前的经济学观点和其他言论被打成右派并开除出党；1974 年 12 月，因癌症逝世。

王元化先生一提起顾准，就滔滔不绝

顾准失去官位后，在中国科学院经济研究所从事研究工作。他在 1957 年《经济研究》第三期上发表《试论社会主义制度下的商品生产和价值规律》一文。他在这篇文章中提出，应以市场价格的自由涨落来调节生产。这是非常大胆和超前的观点，这使得他成为在中国第一个提出社会主义条件下市场经济理论的人。他的观点启发了当时的著名经济学家孙冶方，孙冶方在 50 年代提出了价值规律问题，他的观点还影响了吴敬琏等年轻的经济学家，他们在 30 年之后为建立市场经济所做的论证对改革开放起到了推动作用。

顾准比王元化年长五岁，他们在青年时代，都服膺共产主义，满怀革命激情，积极投身伟大的抗日救亡运动，成为并肩战斗、共同出生入死的地下工作者。

1937 年 5 月，上海沦为“孤岛”后，在中共江苏省委设立“职委”的同时，决定重建文化界运动委员会（简称“文委”），书记为孙冶方，副书记为曹荻秋，委员有王任叔（巴人）、梅益、于伶等。在“文委”领导下，开展了轰轰烈烈的群众性抗日救亡文化运动，在戏剧界、电影界、文学界、新闻出版界，宣传党的抗日民族统一战线，扩大了党的政治影响。

顾准是 1939 年 9 月，经中共江苏省委决定，调任“文委”副书记的，从此，顾准与孙冶方互相结识，并成为肝胆相照的战友，共同领导艰苦卓绝的党的文化斗争。对此，孙冶方 1979 年撰文谈道："1937 年 11 月 12 日，中国军队从上海撤退，夏衍、钱俊瑞都调到大后方，曹荻秋也离开了上海。以后参加过文委的有唐守愚、梅益、王任叔、姜君辰、林淡秋、顾准等。顾准是 1939 年 9 月从职委调到文委担任副书记的。"[①]曹荻秋于 1938 年初离沪后，"文委"副书记一直空缺，为了给孙冶方配好助手，中共江苏省委宣传部长沙文汉于是想到了顾准。

沙文汉认为顾准与原救国会上层文化人士关系融洽，文章脱手又快又好，他看过不少顾准发表在《职业生活》报上的时论，为之击节折服。因而决定顾准从"职委"调至"文委"。

孙冶方、顾准两人共同主持"文委"工作，可谓一时之选，珠联璧合，尽管顾准在"文委"工作时间不长，但仍做了不少工作。

在中共江苏省委领导下，"文委"的工作坚决贯彻党的文化工作的指示，无论是孙冶方，还是顾准，都把文化界的救亡运动的重心放在戏剧工作上。他们做的第一项工作，组织专业性的职业剧团，如于伶等人先后组建了"青鸟剧社""上海剧艺社"等团体，主要骨干来自电影界、话剧界。另一项工作则是开展业余戏剧运动，广泛组织群众性业余剧团，即在职业界各联谊团体及工厂、企业、学校成立演剧组和小型业余剧团，它们与职业的或大型剧团的配合和协作，卓有成效。孙冶方、顾准成为"文委"同事后，凭借多年从事地下斗争的经验，从上海"孤岛"实际状况，充分利用租界当局和日本帝国主义之间的矛盾，群众抗日情绪高涨的有利时机开展工作。他们与"文委"其他成员达成共识，群众戏剧是发动和组织群众的重要武器，职业界的不少行业也就是通过剧团演戏，将群众组织起来，如"银联""益友社""药联""保联"等各种联谊会都有自己的剧团，顾准的公开职业是立信会计师事务所会计师、学校部主任、教授和编辑科副主任，由他领导的立信同学会也成立了话剧团，演出了多种宣传抗战的独幕剧，演员有顾也鲁、王曼秀、吕俊儒等同学，深受欢迎。像这种业余剧团，据于伶回顾，最盛时达 120 多个。

---

① 孙冶方：《抗战初期上海文委的一些情况》，上海社会科学院文学研究所编《上海"孤岛"文学回忆录》下册，中国社会科学出版社 1985 年 9 月版，第 2 页。

群众业余剧团不仅在本单位演戏，还创办星期小剧场，挑选业余剧团中好的剧目，于星期日上午轮流售票公演，这在上海戏剧界的历史上是前所未有的。周恩来同志知道后曾经称赞："星期小剧场的工作搞得非常好！"

当时，顾准精神焕发，精力充沛，致力于党的文化救亡活动，深受大家的拥戴。事隔几十年，这一印象还一直留在与其并肩战斗的战友记忆之中。王元化满怀深情地回忆道："抗战初期在隶属江苏省委的文委领导下工作，顾准是我的领导。那时文委书记是孙冶方，顾准是文委负责人之一。我以自己曾在他们两人领导下从事文化工作而感到自豪。……可是，我和顾准在1939年分手后，就再也没有见过面，后来连音信也断绝了。现在留在我记忆中的顾准仍是他20多岁时的青年形象。王安石诗云'沉魄浮魂不可招，遗篇一读想风标。不妨举世嫌迂阔，赖有斯人慰寂寥'。是的，世界上有这样的人才不会感到寂寞。"[①]

还在18岁时，王元化就撰写了《论抗战文艺的新启蒙意义》，认为"新启蒙运动所以提出理性这口号，实是它必须抑制无谓的感情冲动，反对任何笼统的幻想，才能达到认识现实的道路"。又说："新启蒙并非是'五四'启蒙运动的再现，它的中心思想可以总括为两点：一、民主的爱国主义，二、反独断的自由主义。"[②]前面已经说过那时王元化在江苏省委"文委"领导下工作，孙冶方是"文委"书记，顾准是"文委"副书记。这两个人，后来一个是中国自由经济思想之父，一个是中国现代民主思想之先知，影响中国八九十年代的思想与历史，功莫大焉！后来表彰孙冶方、重新发现顾准，都是王元化亲身所为。

王元化认为，能与孙冶方、顾准这样的思想家、学问家一起成为地下工作的战友，"这是很特殊的。这就是一个个案的问题，不能成一个典型，任何地方都很难找到的。我入党时，孙冶方是书记，顾准是副书记。我是吸取地下党文委的奶汁长大的，我那时才十几岁，娃娃嘛。他们做人行事的习惯，无形当中感染给我，印象很深。那种党内的生活氛

---

① 王元化：《清园论学集》，上海古籍出版社1994年12月版，第509—510页。

② 王元化：《集外旧文钞》，上海文艺出版社2001年1月版，第50页。

围使我非常怀念，但是后来这些人几乎全军覆灭……”①

王元化还介绍说：“孤岛”时期他所在的文学小组由戴平万、林淡秋分头领导，而孙、顾二人都代表“文委”参加过他们的小组活动。王元化在党小组会议上常提意见，有的人认为他不应该反对组织的决定。顾准就说元化谈自己的看法不错呀，说明对工作负责。

王元化至今还记得当顾准代替“文委”的另一个同志来参加他们的小组活动时，大家是多么高兴。原来那位领导过于严肃，对他们动辄加以训斥。而顾准是富有人情味的，他第一次参加小组活动时还拎了几包糖果来，大家边吃边谈，毫无拘束。

王元化对其中一件事的印象很深，当时他负责文艺通讯的组织工作，这是一个群众团体，参加的文艺青年有两三百人，突然“文委”决定解散，他的思想不通，小组同志几经说服，他仍不服，就越级给顾准写了一封长信。小组有些人对王元化的这一举动颇不以为然，可是后来他听蒋天佐转告，顾准当时却说坚持自己认为正确的看法还是好的，虽然他对王元化反对解散文艺通讯的意见并不同意。

王元化满怀深情地说：“抗战初是一个轰轰烈烈的时代，党内生活

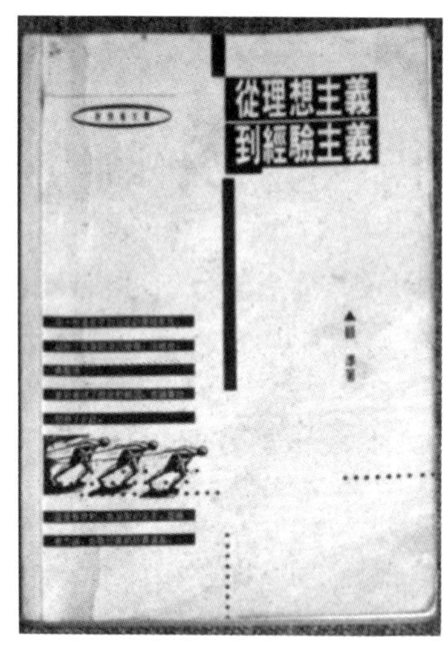

《从理想主义到经验主义》(香港三联书店1992年版)封面

---

① 李怀宇：《为学不作媚时语　反思多因切肤痛——王元化访谈》，2008年5月18日《南方周末》。

又是那样充满生机和朝气，这一切都使我们这些正在拼命吸取知识的小青年受到了良好的熏陶。那时我们的生活笼罩在一片欢腾的气氛中，虽然敌人是残暴的，工作是危险的，但我们还没有经受理想和现实的冲撞，我们心里的阳光还没有被任何云翳所吞没。”只可惜，王元化与孙冶方倒是“文革”后有几次晤谈，而与顾准自1939年分手后两人再也没见过。1989年王元化为顾准的《从理想主义到经验主义》作序，深深赞赏他在多舛命运中，坚持独立思考、疾虚妄求真知的自由精神。也许在50年前这位长兄的言行对王元化的思想就有所启示和鼓舞吧！

王元化序

这不是一本为发表所写的著作，而是作者应他兄弟的要求断断续续写下来的笔记。时间是从1973年到1974年作者逝世前为止。我要说这是近年来我所读到的一本最好的著作，作者才气横溢，见解深邃，知识渊博，令人为之折服。许多问题一经作者提出，你就再也无法摆脱掉。它们促使你思考，促使你去反省并检验由于习惯惰性一直扎根在你头脑深处的既定看法。这些天我正在编集自己的书稿，由于作者这本书的启示，我对自己一向从未怀疑的某些观点发生了动摇，以至要考虑把这些章节删去或改写。这本书就具有这样强大的思想力量。

如果要我勾勒一下我从本书得到的教益，我想举出下面一些题目是我最感兴趣的。这就是作者对希腊文明和中国史官文化的比较研究；对中世纪骑士文明起着怎样作用的探讨；对宗教给予社会与文化的影响的剖析；对奴隶制与亚细亚生产方式的阐发；对黑格尔思想的批判与对经验主义的再认识；对先秦学术的概述等等。这些文章都显示了真知卓见，令人赞佩。作者的论述，明快酣畅，笔锋犀利，如快刀破竹。许多纠缠不清的问题，经他一点，立即豁然开朗，变得明白易晓。我觉得，这不仅由于禀赋聪颖，好学深思，更由于作者命途多蹇，历经坎坷，以及他在艰苦条件下追求真理的勇敢精神。这使他的思考不囿於书本，不墨守成规，而渗透着对革命对祖国对人类命运的沉思，处处显示了疾虚妄求真知的独立精神。他对于从1917年到1967年半世纪的历史，包括理论的得

225

王元化所作《从理想主义到经验主义》序

我自20世纪80年代从复旦大学中文系毕业后不久，有幸结识了知名学者、顾准的胞弟陈敏之先生，在他的精心指导下，开始曲折而漫长的顾准研究工作，迄今忽忽已近二十载。通过与陈敏之、王元化等人的接触，我了解到了王元化与顾准生前身后的感人往事。

王元化为恢复顾准的本来面目，弘扬顾准精神发挥了巨大的作用。早在《顾准文集》出版之前，王元化就在由他主编的“新启蒙丛刊”第二辑《危机与改革》上，刊发了顾准的遗作《希腊思想史官文化》一文。在他执笔的该辑《编后》对顾准作了着重推介——

我们不想按照一般通例，对论丛的作者标出头衔，更不愿作任何溢美的介绍。文章发表后，就应当让它们自己去说话。它们是属于公众的，只有公众自己去评判才是中肯的。不过，这里我们也要破例介绍一下本期的一位作者顾准。他这篇文章和他尚未发表的大量文章，都写于“文革”时期。严格说来，它们不是准备发表（因为当时没有这样的条件）的文章，而是和他弟弟陈敏之的通信。顾准很早参加革命，但命

运多蹇，在流离颠沛的黯淡生活中度过了二十多年的悲惨生涯，于“文革”中身故。编者曾读了他的大量遗稿，对他十多年前处于封闭环境中所写的这些有见解的文章，不得不感到惊讶和赞佩。尤其在一系列论述民主问题的文章中的某些观点，今天看来仍堪称是先进的卓识：我曾听到一位朋友感叹我国知识分子不像苏联知识分子那样，纵使在斯大林清洗时代，仍坚持写作，弦歌不辍，敢为历史作证。但是我认为坚贞敢言之士和孱弱懦怯之辈到处都有。像顾准这样的人不会是孤立现象，我们相信将来还会有更多的动人事例呈现于世。我们也希望从尘封中能够发掘出更多闪灼着光辉的文字，如果编者能把它们公之于众，和读者共享阅读他们的愉快，那将会使我们感到荣幸。

1988 年 11 月 4 日编者写于深夜①

顾准一生最有代表性的著作当推《从理想主义到经验主义》，这其实是顾准与陈敏之的通信集。这部书反映了顾准在令人难以想象的逆境中，从事学术研究，他对古今中外的历史、文化、哲学、经济、思想的探索，具有里程碑式的贡献，真正做到了究天人之际、明内外之势、通古今之变、成一家之言……

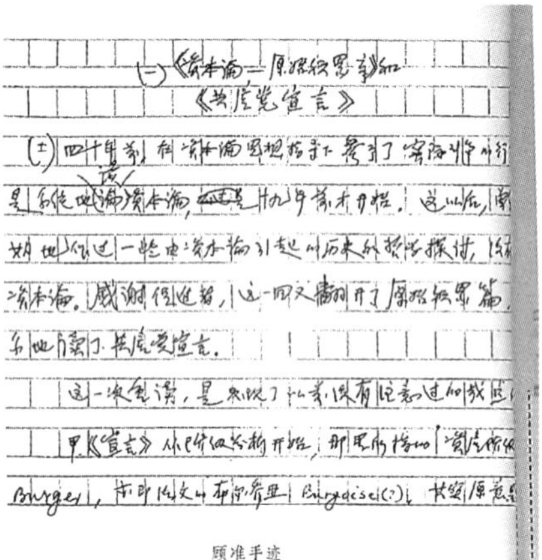

顾准的读书笔记手迹

从 1977 年开始，陈敏之把顾准寄来的那些笔记，稍加整理分类，重新抄写了一遍，装订成册。这些笔记，用的是当时廉价的极薄的信笺纸，字又写得很小，取其轻而容量大，然而经不起翻阅。重新抄写一份，一方面是为了借此可以多保存一份，一方面也是为了自己翻阅的方便。1987 年 12 月，一位年轻的学者陈申申（上海市政协副主席陈同

① 王元化主编：“新启蒙丛刊”第二辑《危机与改革》，湖南教育出版社 1988 年 12 月版，第 83 页。

生之子，陈同生同志与顾准在新四军根据地共事，新中国成立后又一起在上海市任职）找到陈敏之，他在读了《从理想主义到经验主义》的原稿以后，主动地非常热忱地向上海人民出版社写信推荐这本书。

顾准与陈敏之合影，时在 1974 年

既然结成集子出版，需要为之题一个书名。而《从理想主义到经验主义》，是由陈敏之提出、在同时提出的五六个书名中经过反复推敲、斟酌最后选定的。他曾经想采用《娜拉出走以后》为书名，后来征求过王元化的意见，他也认为还是《从理想主义到经验主义》好，这个比较严肃的书名符合书的内容，不会产生误解，就这样定下来了。

从理想主义到经验主义，大体上体现了该书各篇蕴含着的主要精神和思想。不仅如此，也可以认为它概括和如实地描绘了顾准一生走过来的路。

后来经过周折，《从理想主义到经验主义》终于在香港出版。王元化为之所作的序言，脍炙人口。为了让顾准的著作尽早在大陆与读者见面，王元化一直帮忙联系出版社，在他的牵线搭桥下，《顾准文集》由贵州人民出版社于 1994 年 9 月出版。

顾准是一位伟大的理想主义者，不然，他不会以忧国忧民之心，以其胆识、智慧和严肃的科学态度，向彻底经验主义转变过来。他在《从理想主义到经验主义》书中所强调的法权主义、重商主义、科学精神、民主主义、多元主义，都是在充实和丰富马克思的理论。

早在 1989 年，王元化在为顾准的《从理想主义到经验主义》所作的序言时说，“……这些天我正编集自己的书稿，由于作者这本书的启示，我对自己一向从不怀疑的某些观点发生了动摇，以至要考虑把这些章节删去或改写。这本书就具有这样强大的思想力量。”①

接着,王元化勾勒了他对《从理想主义到经验主义》一书最感兴趣的六个方面内容:

这就是作者对希腊文明和中国史官文化的比较研究;对中世纪骑士文明起着怎样作用的探讨;对宗教给予社会与文化的影响的剖析;对奴隶制与亚细亚生产方式的阐发;对黑格尔思想的批判与对经验主义的再认识;对先秦学术的概述等等。

这几方面的内容实际上构成了本书的特色。王元化分析了顾准取得这一成就的原因。他认为:顾准的文章“显示了真知卓见,令人赞佩。作者的论述,明快酣畅,笔锋犀利,如快刀破竹。许多纠缠不清的问题,经他一点,立即豁然开朗,变得明白易晓。我觉得,这不仅由于禀赋聪颖,好学深思,更由于作者命运多蹇,历经坎坷,以及他在艰苦条件下追求真理的勇敢精神。这使他的思考不囿于书本,不墨守成规,而渗透着对革命对人类命运的沉思,处处显示了疾虚妄求真理的独立精神。他对于从1917年到1967年半世纪的历史,包括理论的得失,革命的挫折,新问题,都作了认真的思索,这些经过他深思熟虑概括出来的经验教训,成为他的理论思考的背景,从而使他这本书成为一部综合实际独具卓识的著作”②。

人们对顾准这位独立不倚地在暗夜里追求真理并且取得了相当成就的思想先驱,表达了极大的敬意。他们认为,顾准不仅取得了骄人的理论成果,而且他的求真之道(即他所谓“笨工夫”)也是值得推崇的,这不是光凭聪明和敏感就可以实现的。

《顾准文集》《顾准日记》《顾准:民主终极目的》《顾准文存》以及早先一些论文、专著、译著的发表,引来了知识界的高度重视,有人称之为“顾准热”,只要这不是人为的炒作,应当让它热下去。这与王元化先生不遗余力推动出版顾准遗稿,是密不可分的。

---

① 《顾准文集》,贵州人民出版社1994年9月版,第225页。

② 同上,第225—226页。

顾准著作的流布颇广

《顾准文集》(贵州人民出版社1994年版)封面

王元化先生称20世纪90年代是“我的反思年代”,从那时开始,元化先生经历了一场深刻的反思过程。对顾准的思想研究,伴随王元化反思的深入。《顾准文集》正式出版的当年,王元化在1994年12月3日《文汇读书周报》上刊登《关于近年反思的答问》,借此机会,又发表对《顾准文集》问世的感想,同时特别激赏顾准关于低调民主的论述。

一开始,王元化就认为,贵州人民出版社出版了完整的《顾准文集》,这是使人感到十分欣慰的事。相信随着时间的进展,顾准著作的深刻意蕴会越来越显示出来。《从理想主义到经验主义》这部写成于“文革”中的著作,作者生前并未想到可能发表,只是写给自己兄弟的札记,如今奇迹般地保存了下来,并且得以出版,这实在是十分值得庆幸的事。王元化曾把这部著作推荐给海外的林毓生教授,他来信说,为从序中读到顾准这样的知识分子“在横逆中的艰苦卓绝精神而流泪了”。

王元化强调:“我们这里有不少人以思想家自诩,但配得上这个令人尊敬的称号的,恐怕只有像顾准这样的学者。他没有自高自大的傲慢,也没有过于自尊自重的矜持。他在写这些札记的时候,早已把名誉地位、个人得失置之度外,在求真求实的路上一往直前,义无反顾。这是使我们肃然起敬的。今天的中国知识分子就需要这种治学精神和道德品质。”

贵州人民出版社出版的《顾准文集》收集了作者比较完全的著作，补入了港版未收的《直接民主与“议会清谈馆”》《民主与“终极目的”》，使我们可以读到这两篇论文。由这两篇文章着手，王元化发表了重要的观感：

我们的理论界一直流行着“五四”时代好的绝对好、坏的绝对坏的这种绝对主义倾向。比如今天对市场经济及其在改革开放中的实践所存在的问题进行探讨，就会被目为反对改革开放反对市场经济，而所持的理由是你认为现在出台的市场经济有这种或那种问题或缺陷，难道你主张回到计划经济上去吗？你觉得体现在文化上的理想失落和道德沦丧，难道你主张让姚文元的“棍棒文化”复活吗？须知这些缺点和消极方面，都是市场经济不可避免的伴生物，而随着市场经济的发展，精神领域的一切问题都会迎刃而解，自然会好起来。面对这些以动听的新说重复经济决定论之类的辩难，我觉得我们倒是应该从20多年前顾准所写下的遗文中去领受教益。我们不应该再用乌托邦式的天国幻想把我们所心爱的观念、理想、制度笼罩在美丽的迷雾中，以为好的全都是好的，没有任何缺点，没有丝毫需要我们警惕加以防范或克服的缺陷。今天没有任何一个有良知、有责任心的中国人会不拥护民主思想和民主制度。但是如果不对民主的源流、历史的发展以及今天的现状进行理性的思考——亦即批判精神——那将形成一个经不起历史考验的高调民主……民主制度在希腊罗马时代并不代表进步力量，只代表一种多数的暴政。比如贝壳放逐、竞技场的群众以拇指向上或向下来决定人的生死等等都是，苏格拉底就是根据民主的程序被处死的。莎士比亚以罗马为题材的历史剧《科里奥兰纳斯》，曾对罗马民主选举的弊端作了极为精辟的描述。多数决定少数的原则反映在艺术领域内，也是很有问题的。但是今天有些人甚至连多数应该多到包括少数在内即尊重少数的存在、承认少数的权利这一民主原则都不理解，一味媚俗，以为一些低劣作品充塞文化市场，挤掉了高雅艺术，是伴随市场经济而来的必然现象，是历史的潮流，不可阻挡。对于这样一种看法，我觉得更有读读上面提到的顾准那两篇文章的必要。民主和自由是两个不同的概念,民主并不能促进自由的发展,有时反而会成为自由的障碍。所以现代的民主观念不是一味强调多数,而是认为没有少数也就没有多数。我们把全民当家作主之类的口号当作民主的精髓,实际上这只是一种高调的民主,一种乌托邦式的幻想。(这个全民概念正如卢梭的公意概念一样,是一个名为涵盖个别实则排除了所有个别的黑格尔式的抽象。)顾准在他的《直接民主与"议会清谈馆"》一文中对这个问题作了认真的思考。在他写那篇文章前举行的北戴河会议,将人民公社若干问题的决议和毛注《张鲁传》发给政治局和各省领导人,以及紧接着"文革"开始所提出的全国人民公社化的主张,就是顾准在写作这些文字时的历史背景。他在文中指出,公社实际上是承袭了法国大革命时代企图恢复共和罗马公民大会这种直接民主制度。他针对这个问题就《法兰西内战》为法兰西政治所描绘的图景提出了四点极为深刻的质疑,紧接下来又就苏联所奉行的直接民主所产生的后果作了深入的反省。时隔三十年后,他的这些预告都一一验证了。我认为这是他的著述中最美的篇章。可惜的是顾准的这些深刻思想至今仍只为少数人所领悟,其价值远远没有得到充分的估价,所以我想乘这个机会,将这本书推荐给读者。

罗银胜著《顾准传》
(团结出版社 1999 年版)封面

1995 年 3 月 18 日,中国社会科学院经济研究所为顾准诞生 80 周年和《顾准文集》的出版召开了纪念座谈会,对顾准和他的学术思想作出了应有的评价。

王元化专程从上海赶到北京参加活动,他与到会的顾准战友、亲属和有关专家张劲夫、杜润生、李慎之、徐雪寒、雍文涛、李人俊、骆耕漠、吴敬琏、俞可平等，对顾准的精神及学术价值给予充分的肯定。

王元化在那次纪念会的发言中，强调了顾准所秉承的中国传统的忧患意识。他认为，在优越的环境下，进行思索，常常会变得平庸，而当国家、民族以及个人处在逆境中时，知识分子主动背负起历史的重任，才能产生有利于社会进步的思想。杜润生在发言中肯定了顾准为追求真理不惜任何代价的精神。他认为，有权力制衡的结构，有舆论的监督，同时有容许少数坚持意见的科学精神，是可能做到的民主。李慎之在发言中称顾准是党内有气节的学者，他认为顾准在当时的政治气候中，能表现出独立思考，不愧是我们时代的英雄。戴园晨的发言则希望将顾准精神这根接力棒传下来，发挥对人类的关怀精神及忧国忧民的意识。他认为顾准为“怎样治学，治学之道以及如何思考”都提供了参考。吴敬琏认为正是因为顾准具有伟大的人格，具有对民族、对人民、对人类的高度责任感与追求美好生活的使命感，才使他将自己的生命置之度外，来进行学术探讨，所以，顾准的学术成就来自他对真理的热烈追求：“顾准只服从真理，不管在感情上多么难舍难分，只要不符合‘真’‘善’的标准，他都义无反顾地加以舍弃；不管是有多大权势的显贵，只要是有悖于真理，他都理足气壮地加以反对。”

就在这年，王元化趁参加座谈会之际，来到李锐家中看望老友，并将《顾准文集》相赠。王元化是在与黎澍的交往中认识了李锐。1983年，王元化担任过上海市委宣传部长。学者从政，是李锐在组织部负责建设领导干部“第三梯队”期间的主张之一。

李　锐

这一天，与其说李锐得到的是一本书，不如说他获得的是一位可以神交的挚友！78岁的李锐在读这部论文集时的激动、欣喜、钦佩以及痛快淋漓之情，淋漓尽致地表现在《一刻也不能没有理论思维》一文中。他说：“《顾准文集》是王元化同志送我的。这之前我不知道顾准其人其事其文。他大我两岁，我们是同一代人。但‘九一八’事变时，我在长沙刚上高中，他在上海已经进入立信会计师事务所。我们都是在民族危亡的关头投身革命的。面对日本侵略，不满蒋介石的统治，就要引起思考，就要追求新的东西。那时新的东西，就是苏联，就是马克思主义，就是共产党。虽然每个人的环境不同，性格不同，兴趣不同，受教育的程度也不同，但我们那一代知识分子的追求有很多共同的东西。”李锐在王元化推荐给他《顾准文集》后，竟夜连读，发出感叹：“受难使人思考，思考使人受难。”不难看出，他对顾准的评价，也是自己人生取向的表白；他对顾准研究成果的述评，融入了自己的理论思考。他说：

王元化与李锐交谈

1959年以后，我也在难中，也在思考。顾准写《从理想主义到经验主义》时，我正独处秦城囚室，八年中的最后两三年，也让读《资本论》、读《马恩全集》等书了。我对一些问题，例如我党历史上的一些是非得失，一些人物的功罪，反反复复地思考；对马克思的剩余价值学说、《哥达纲领批判》等，发生一些怀疑，也有心得。但是顾准的思考深得多，广得多，也更有成果。有关许多根本问题，于我来说，他是先知先觉。这自然同他系统地研究过经济学有关，他首先是一个真正的经济学家。关于马克思的剩余价值学说、商品经济和价值论等，像他思考得这么深、这么透的人，当年大概是极少的。80年代，孙冶方是我的对门邻居，我们很谈得来，他50年代即倡导尊重价值规律，是很重要的贡献。现在才知道，这方面他是受顾准的启发，顾准比他更厉害。单说这一点，顾准这样的人就太难得了。顾准晚年的思考，不局限于经济，而是涉及政治、历史、哲学、文化等广泛的领域，着眼于中国和人类命运的根

顾准，摄于50年代

本性问题。他一直在思考“娜拉走后怎样”“无产阶级夺取政权后怎么办”“中国的现代化民主化为何命运多舛”等根本问题，苦苦思索，寻求答案。所以他不是一般的经济学家，而是了不起的思想家。他不只是对自己负责的，而是对中国的历史和人类的历史负责的思想家。人们呵，这种历史的责任感多么可贵！

元化说顾准的思想超前了十年。不止同一般学者相比，顾准的思想大大超前；同善于思考的学者相比，顾准的思想也是超前的。不久前，我见到一位曾积极投身于改革开放事业的老同志，他也极口称赞顾准是一位了不起的思想家。

顾准读的书很多。……他的知识面很广，很全面，这是他成为了不起的思想家的重要条件之一。另一个重要条件是他的理论勇气，实事求是的勇气。他对一切现成的、权威的、被人们认为是天经地义的东西都不盲从，对马、恩、列、斯、毛都不盲从。他从现实，从历史，从前人已经达到的思想出发，对权威肯定无疑的东西，都放胆重新思考。顾准思考围绕的中心是如何克服专制、实现民主和发掘科学精神。他身处“四人帮”封建法西斯专政环境之中，写出这些心得，需要多么大的勇气，这是一种布鲁诺甘赴大刑的崇高精神。①

王元化介绍顾准思想，不遗余力。许多年过去了，他认为：“这几年谈论顾准的文章多起来，有些论者本来是可以写出一点研究心得的，但他们放弃这样做，而只空谈主义，将顾准当作一面旗帜，把它抓在自己手里，讲些人人早已知道的道理，还吹嘘这就是对顾准思想最深刻的

---

① 李锐：《一刻也不能没有理论思维》，见氏著《李锐反“左”文选》，中央编译出版社1998年11月版，第385—386页。

理解。读了这些文字真使人感到悲哀。我不懂，这些人并不缺乏才华，过去也写过一些好文章，为什么虚掷自己的精力。其实顾准所写的有关民主的文章是很值得讨论的。我所指的是这几篇：《直接民主与“议会清谈馆”》《民主与“终极目的”》《科学与民主》。前几年北京三联寄给我一本《公共论丛》，这本丛刊并不以顾准为标榜，却切切实实地讨论了一些问题，其实这类问题还有很多。比如顾准书中所谈的古希腊斯巴达精神问题就值得重视。过去我们一直赞扬斯巴达的集体主义精神。小时候我曾读过鲁迅的早期论文《斯巴达之魂》，这篇文章写得热情洋溢，令人神往。在苏联，斯巴达的名字也成为光荣的称号，甚至有的足球队也以它的名字命名。而根据顾准的论断，就可以知道斯巴达是容易从集体主义滑向专制主义的。”①

王元化倡导“多一些有思想的学术和有学术的思想”。他是这样说，也是这样的实践者。进入20世纪90年代后，王元化更加高扬独立思想、自由意志，在学术界首先倡导进行深入的反思。这段时间内，王元化花了很大精力和心血主编了《学术集林》及丛书。在1993年9月出版的《学术集林》第一卷的后记中，他针对当时出现的“学术出台，思想淡化”的说法，提出了多一些有学术的思想和有思想的学术的意见，受到学界的欢迎与赞同。同年11月，作《关于近年的反思答问》，其中说道：“这种反思之所以发生是鉴于自己曾经那么真诚相信记忆，在历史的实践中已露出明显的破绽。”他着重谈了对激进主义批判的反思：“从严复的《天演论》译本开始，夹杂了斯宾塞观点的社会进化论在我国成为一种主导思潮”，而过去对其消极面认识较少。虽然诸如鲁迅等前人对进化论有所反省，但是，“新的必胜于旧的”这种观点毫无改变，并且还使“激进主义享有不容置疑的好名声”这个现象至今仍然存在。王元化在批判的同时，也表达了“文学上的流派是否也要像设计时髦衣服一样，在那样短的时间内来一次更新换代”？

1995年8月18日，王元化在致林毓生的信中提及《学术集林》卷四的编辑进展情况，他说：“此时此地办一件事极为困难，可谓触手皆荆棘。卷三有一篇评《顾准文集》稿被压下不发，我在卷四中公开此

---

① 王元化：《人物·书话·纪事》，人民文学出版社2006年1月版，第31页。

1995 年，张劲夫、杜润生、李慎之、王元化、吴敬琏等出席中国社会科学院经济研究所召开的"顾准同志诞辰八十周年纪念会"

事，以示抗议。现卷四全本压至现在已半载，又不付印，说是印刷厂问题。目前要做成一件事，倘无极大耐心，是会使人气出病来的。这些话是说不完的，还是谈谈读了大作后的初步感想吧。"[①]现在我们可以从王元化主编的《学术集林》卷四编后记中看出端倪：

今年是笔者青年时代所认识的顾准的八十冥诞。顾准以他那艰苦卓绝的毅力和真知，在难以想象的横逆困境中所写的凝聚着心血结晶的著作，今天已赢得了愈来愈多人的崇敬。为了纪念这位坚贞的思想家，中国社会科学院经济所举行了顾准八十诞辰纪念的学术研讨会。会后，《北京青年报》于 3 月 23 日出版专刊，报道这次会议的情况并选登了会议上宣读的论文。《中国青年报》也于 3 月 27 日为此发表了专文。后来《读书》杂志第五期还发表了吴敬琏、石冷等撰写的文章。鉴于上海是顾准长期从事革命活动和学术工作的地方，编者于今年 1 月间趁《顾准文集》出版之际，约请曾在《文汇报》发表过《迟到的理解》一文（曾获该报一次评奖活动的第一名）的作

① 王元化：《清园书简》，湖北教育出版社 2003 年 1 月版，第 375 页。

者撰写了一篇《顾准文集》评介，编入《学术集林》卷三。但不知何故，后来出版社编辑部却将这篇评介压下未发，虽屡经催问，既不退稿，也不说明原委，实在使我无法向作者交代，我只有要求出版社编辑部早将此事作出处理并给我一个回答。《顾准文集》在出版过程中曾颇费周折，据传现初版已售罄，幸而出版社已从新闻出版署领得“条形码”，正准备重印。这部书和它的作者一样命运多蹇。古往今来，凡有独立思想不肯曲学阿世的人率多不幸。这类记载，史不绝书。卞和怀璧，形残身辱；伯牙伤逝，人琴俱亡。这实在使人读后不禁掩卷浩叹，感到悲哀。但不管天地是怎样忌才，那一代一代如薪尽火传的至刚至健的大生命是不会消亡的，正如鲁迅所说，人类渴仰完全的潜力，总将踏着铁蒺藜前进。

与顾准有着深深共鸣的王元化，也是顾准式的学者。从王元化的思想与学术经历看，他既是一个思想家，也是一个学者，或者说，他是一个学者型的思想家，或者称他是一个思想家型的学者。可王元化为获得他的思想与学术成果，所付出的代价也是巨大的。他少年时代即走上了革命道路，可他善于独立思考的特性，却又使他屡屡遭受人生挫折。他在20世纪50年代初期发表《向着真实》这本文艺专著，并根据自己的判断同情胡风及其他文学青年，终而被定为“胡风反革命分子”，遭到非人的待遇。可王元化和顾准一样，继承了中国文人传统中那种坚忍执着的追求真理的精神。左丘失明，阙有国史；司马迁受宫刑，才有《史记》；屈原放逐，创作了《离骚》。王元化也是在极其艰难的条件下从事《文心雕龙》的研究，写出了《文心雕龙创作论》《韩非论稿》等论著。在“文革”结束以后，他在一个更为宽广的背景下从事学术研究，取得了一系列的学术成果，重新解读卢梭的契约论、样板戏、黑格尔的哲学、“五四”新文化与中西文化关系等问题，主持出版了《新启蒙》等思想学术刊物，一直走在思想界与学术界的前列，因而在思想界获得了“北李（李慎之）南王（王元化）”之称。王元化说：“我希望将来的是人的尊严不再受到凌辱，人的价值得到确认，每个人都能具有自己的独立人格和独立意识。我期望于青年的是超越我们这一代，向着更有人性的目标走去。”是的，他自己就是用自己的思想学术活出了人的尊严的榜样，活出了人格的独立，活出了学术的创新。他的思想学术成就，证明了他实践了自己的诺言："理论的生命在于勇敢和真诚，不屈服于权贵，不媚时阿世。"

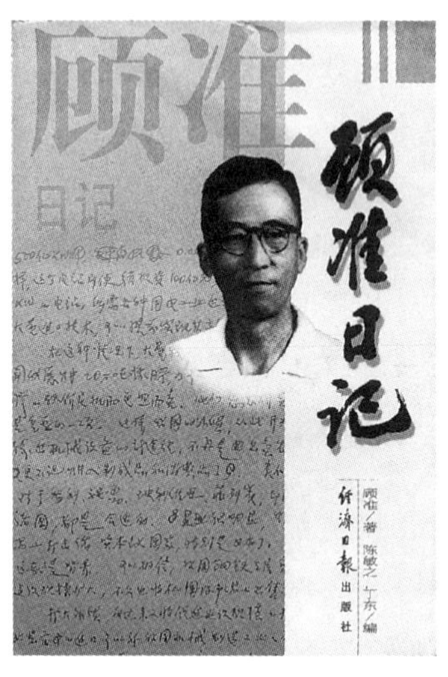

王元化先生为《顾准日记》题写书名

王元化为《顾准评传》题写书名

王元化为《顾准文集》(增订本)题写书名

我在进行顾准研究时，曾经多次向王元化先生请教，在我的印象中，同样是知名学者，王元化先生不同于我所认识的其他同志，他有着中国传统知识分子的底色，正直善良，望之俨然，即之也温。与他相处，那种温润，如同摩挲着一块古朴的美玉。听他一番话，真是如沐春风，受益匪浅。王元化先生十分关心拙著《顾准评传》和拙编《顾准再思录》的出版，亲笔题写了书名。他还不顾年迈体弱，援笔书赠了一款条幅，内容是："顾准对于从 1917 年到 1967 年半个世纪的历史，包括理论的得失、革命的挫折、新问题的出现，都作了思索，显示了疾虚妄、求真知的独立精神。"王元化先生的题词，用力遒劲，内容深邃，诚为瑰宝。这无疑既是对顾准精神的崇高评价，也是对自己工作的莫大支持。

对王元化先生的执着与真诚以及我们所要表达的感激之情，用世上任何语言来形容，都是无力的、苍白的……

王元化为《顾准再思录》题写书名

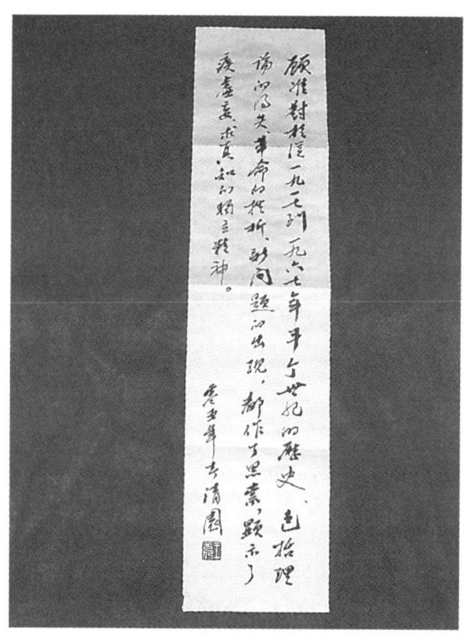

王元化先生为顾准的题词

王元化先生念兹在兹的顾准，是研究中国现代思想史绕不过去的重要人物，研究顾准，必将成为一项长期的文化思想工程。

“元化的眼睛有点像尼采”
——王元化与钱谷融

2008年5月9日，王元化先生归隐道山，学术界、思想界又一重镇坍塌！令人不胜唏嘘。噩耗传来，元化先生多年好友钱谷融，对这位“时刻在‘思’的人”的去世非常悲痛，他说：

半个多月前，我和徐中玉还一起到瑞金医院看望了王元化，那个时候他身体和精神都看上去可以。早上徐中玉告诉了我王老去世的消息，没想到他这么快就离我们而去了，我感到非常的悲痛。

王元化是我几十年的老朋友，最近一段时间我连失两位老朋友（另一位贾植芳），这对我打击很大。我是在60年代一次《辞海》会议上认识他的，后来他又到了华东师范大学任教一起共事。那个时候我

钱谷融先生与徐中玉先生（中）一起看望王元化先生（左）

们经常到王老家玩，他夫人张可女士烧得一手好菜，夫妇俩都非常可爱。他夫人在上海戏剧学院研究戏剧，而我那个时候也研究戏剧，所以和他夫人非常谈得来。

王元化是一个时刻在“思”的人，一刻不停地用脑子深入思考问题，他对问题的思考总是那么透彻，从不是浅尝辄止。他是一个从不跟风的知识分子，对于不以为然的东西就沉默不语，不会阿谀，否则在他看来就丧失了知识分子的特质。

早在王元化80岁生日的时候，钱谷融曾经写过一篇文章，说王元化的眼睛有点像尼采，还有点像茨威格、马雅可夫斯基。钱谷融解释道，他的意思是说王元化的眼睛比较专注，比较凝神，眼中常有一种光芒，“这种光芒，是只有当一个人在思想高度集中时，当他全身心地为某个对象所紧紧吸引住了的时候，就是说，只有当他陷于十分专注的出神状态的时候才会有的。这样的状态，在任何一个人的一生中，是都会有可能出现的。但对一般人来说，这种状态是难得出现的，是可遇而不可求的。而在王元化以及上面所提到的尼采、茨威格、马雅可夫斯基等人来说，却是经常出现的，这是他们的常态。他们就是经常生活在这种专注、出神的状态之中的”①。钱谷融认为在这非常犀利的眼神背后实际上是一种智慧之光，整个人充满理性。“思”对王元化很重要，他的很多著作，包括《思辨短解》《思辨随笔》《九十年代反思录》《沉思与反思》等在内，都和“思”有关，特别到了晚年，更进一步强调要加强“反思”。笛卡尔所说的“我思故我在”的人生价值，忠实体现在王元化的“思”上，他的大脑几乎一刻不停地在思考。

钱谷融的这篇文章发表时，正值华东师大为王元化做寿，大约已经读过这篇文章的王元化一进门，看到钱谷融就大笑：“我服了你。”后来王元化也亲口对我说钱谷融的这篇文章写得好。

20世纪60年代，王元化在上海作协文学研究所工作时，钱谷融应邀去王元化家中吃饭，从此“真的认识了”。他非常欣赏王元化的坚持精神和勇于改正错误的精神，他说：

---

① 钱谷融著、罗银胜编选：《闲斋忆旧》，上海人民出版社2008年6月版，第175页。

王元化与钱谷融(前排左一)等合影

说到王元化的坚持精神,确是相当突出的,他常常被人们认为固执。他认定了一条路,就要走到底;确立了一种主张,就会抓住不放。除非能使他相信此路确实不通;或者有足够的证据证明这个主张确实站不住,他是不会轻易改道,轻易放弃的。在他那里,治学与做人是一致的。对真理的执着,也就是对人的精神力量、对自我人格的尊重。帕斯卡尔说过:“人的全部的尊严就在于思想。”王元化坚持自己的思想信念,也就是坚持自己的独立人格,坚持自己作为一个人的尊严。

……

王元化不但敢于坚持真理,同时也不惮于承认错误和改正错误。他绝不是那种自诩一贯正确、到处津津乐道地宣扬自己的光辉业绩,避而不谈甚至有意隐瞒自己有过的缺失和犯过的错误的人。他曾坦言:“我曾经陷入过机械论,发表过片面过激的意见。”承认在文艺观点和政治观点方面不但出现过“幼稚的理想主义”,还存在着一种“近于自欺的愚忱”(见《思辨短简·后记》)。在《思辨发微·序》中,他郑重其事地订正了他过去相信黑格尔说的人性恶要比人性善深刻得多的意见,明确地认为这是个错误观点。并联带谈到了他过去对韩非的认识的错误。他1976年在《韩非论稿》中曾认为韩非主要继承的是申不害和商鞅的衣钵,而与荀子的性恶论并无多大关系。现在则认识到韩非的重术观不过是把荀子的性恶论发展到极端罢了。在同一文中，他也谈到他和林毓生之间发生过的激烈争论，以及对朱学勤所写的关于《传统与反传统》的书评的不满。尽管后来他和这二人在意见上仍有分歧，却并没有影响他们之间的私人关系，反而因此而同他们成了朋友，从这里可以看到王元化的真正的学人品格。①

钱谷融曾经形容王元化“既英锐而沉潜，既激烈而又雍容”。他说，王元化非常健谈，总是神采飞扬、意气风发地高谈阔论。在交谈中，如果他有不同的意见，就会直率地说出来，有时甚至会十分热烈地与你大声争辩。但一遇到需要考虑的问题，他就会变得冷静起来，沉着、仔细地再三斟酌，然后作出判断，这与他在学术著作中体现出的严谨精神一样，也显示了他沉潜的一面。而他待人接物的彬彬有礼，特别是对年轻人的爱护扶持，以及他行文时笔致的从容舒徐，则充分体现出了他气度的雍容。

1997 年，王元化在《文汇读书周报》上发表了《读莎剧时期的回顾》一文。钱谷融读后，于 5 月 3 日提笔写信给王元化，纠正文中的一处差错：“今天《周报》到时，我看书已看得有点眼花，你的回忆录原来

钱谷融先生接受作者采访(2008 年春)

① 钱谷融著、罗银胜编选：《闲斋忆旧》，上海人民出版社 2008 年 6 月版，第 176—177 页。

只想略一浏览,却忍不住一口气看完了第五版整整一版和第六版的首节。目力实在不济了,只得停下。翻到第七版的末了,看到孙大雨要你们在《莎集》中查找‘A thing of beauty is a joy forever’这句话的出处,其实这句话并非莎翁的诗句,而是济慈(John keats)所作。我所以记得是因为四十年代我服膺唯美主义时曾在一篇文中引用过的缘故。”①

王元化的翰墨作品是非常出名的,在钱谷融的书房里悬挂着王元化送给他的一副长联,钱谷融在阅读之余,常常会静静地观赏王元化的书法,仿佛又与莫逆之交在侃侃而谈……

① 钱谷融:《闲斋书简》,华东师范大学出版社 2004 年 2 月版,第 471 页。

“我们都叫他大哥”

——王元化与黄宗英

黄宗英是当代演员和作家。1932 年随父移家青岛，进江苏路小学。1934 年父丧，孤儿寡母去天津投亲，进土山子公园附近的树德小学就读。1941 年初秋，随着长兄黄宗江走上戏剧舞台。1942 年与音乐指挥异方（郭元同）结婚，18 天后郭氏病逝。半年后，黄宗英应南北剧社社长程述尧（黄宗江的同学）邀请，加入剧社，往返于北平、上海之间。1946 年与程述尧结婚。1947 年夏，为中央电影二厂拍摄《幸福狂想曲》，与赵丹、顾而已合作，并与赵丹相恋。同年 11 月，与昆仑影业公司签订基本演员合同。1948 年初与程述尧离婚，与赵丹结婚。1949 年出演影片《乌鸦与麻雀》。1980 年 10 月 10 日赵丹离世。1982 年，随中国作家代表团入藏，参观藏南藏北后，留藏全程跟踪女生态学者做野外考察。1984 年，随中央电视台《小木屋》摄制组再度入藏。1985 年《小木屋》电视纪录片在第二十八届纽约国际电影电视节上，获电视纪录片铜奖。1993 年赴北京与作家翻译家冯亦代结婚。2005 年初，冯亦代离世。

黄宗英老人与去世不久的王元化先生，是相知相交 60 多年的老朋

黄宗英与赵丹

1941 年,黄宗英和哥哥黄宗江在上海兰心剧场后台阳台上

友。提起元化先生,她说话有些哽咽。宗英老人介绍说:“那是早在 1941 年,只有 16 岁的我,应长兄黄宗江信召到了上海,在黄佐临主持的上海职业剧团学着演戏。不久我就在《浮生六记》中出演芸娘,张可是当年我们剧团里最美、最有才学的女演员,她扮演‘我’的婆婆,大家有商有量,合作很愉快。那时,就遇见了王元化先生,他俊朗潇洒,经常到剧团来看张可,我们都叫他大哥,他与张可真是天生的一对……”

我问:“元化先生与张可是在谈恋爱吗?”

“是的。”宗英老人答。

王元化经常去剧团“探班”,说明他已经爱上了张可。只不过他把深深的情愫藏在心头,后来在关系真正的确定以后,张可说过:“王元化是一个很真诚的人,我喜欢王元化。”

宗英老人还说:“解放以后,我和赵丹也经常到元化大哥家去玩,聊天什么的,十分友善,他和张可都非常爱看赵丹和我演的电影……”

“孰料风云突变,‘文革’开始,我们都受罪! 我和王元化、吴强、孔罗荪、王西彦、杜宣、姚奔都在一个蔬菜劳改队,巴金是后来到干校的,起初是在市里个别隔离的。每天都由我给他们派活儿……”

“这些‘反动权威’本性难移,认真读‘洋、名、古’,认真写‘大毒草’,认真种菜。我给他们示意可以马虎点儿,慢着点儿,都‘不接领子’(“领子”是上海话,意谓领会)。我再也想象不出从来文质彬彬的王元化和杜宣这些先生们居然能赤膊抡镐,挑粪桶。元化大哥晒得又黑又壮,像个奥赛罗,只不知他可怜的好妻子,莎士比亚研究专家张可病得怎样了。这对夫妇历尽煎熬。张可是满涛的妹妹。从反胡风起就

王元化和夫人张可

受株连了;受惯株连的元化大哥,在抓'五一六'分子时突然精神失常,非说自己是'五一六'分子,我那时候被指定为卫生员,在轮流值班看住他时,我对他轻轻说:'元化(省去大哥二字),那是革命小将的事,轮不上咱们,你也从来没可能给他们摇鹅毛扇,你醒醒,想张可,没事儿……'精神创伤是难以痊愈的,如今想起来,真像做梦一样……"

赵丹出生于1915年6月,2005年是赵丹先生诞辰90周年。京、沪两地举行了纪念活动,在上海召开的赵丹诞辰90周年追思会上,王元化发表讲话,他说:

赵丹的一生是追求光明进步的一生,是追求艺术的一生,他在生命的最后时刻,还时时关注党的文艺事业。

赵丹是真正懂艺术,真正热爱艺术的人,他是一个把艺术当作自己生命的优秀艺术家。

赵丹最后的遗笔使我想到龚自珍曾经说过的话:庖丁之解牛,羿之射箭,僚之弄丸,伯牙之操琴,皆古之神技也。如果对庖丁说,不许多割一刀,也不许少割一刀;对伯牙说:只许志在高山,不许志在流水;对

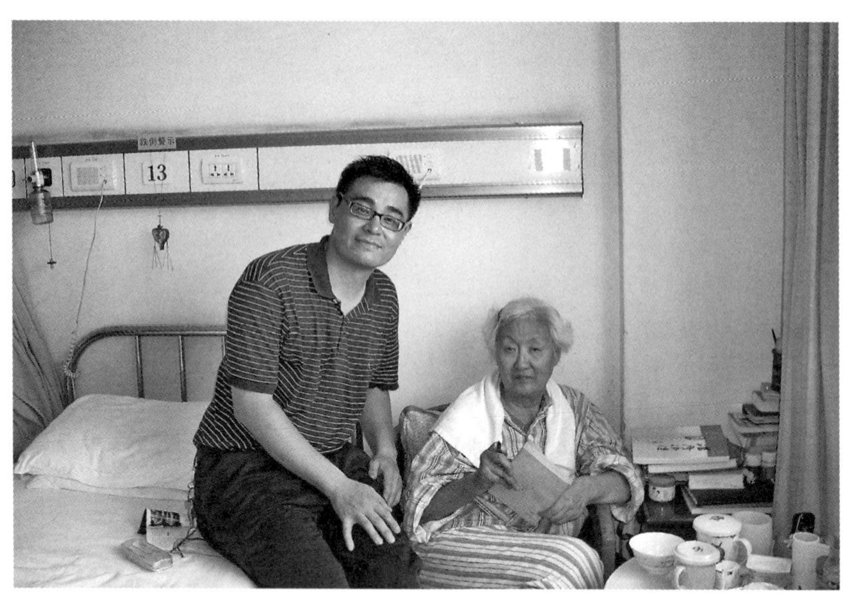

黄宗英老人与本书作者罗银胜

羿和僚说：只许东顾，不许西逐，否则我就要鞭打你。这样一来，四个人的神技也就没有了（原文今译）。赵丹遗笔也是同样要阐明艺术存在和艺术发展的不可或缺的前提。①

① 王元化：《赵丹诞辰九十周年追思会感言》，2005 年 11 月 21 日《文汇报》。

此情可待成追忆

——王元化与张中晓

“无论从思想，还是从文学的眼光来考察鲁迅，都不足以证明他的伟大。鲁迅的伟大，是因为他是一个战斗者，是道德的存在，是激动人心的力量。”张中晓评价鲁迅，正如评价他自己。张中晓的声誉，与其说来自他思想的深广，不如说来自他命运的不幸。是那样一个风雨如晦的时代，一个衣食无着疾病缠身的年轻人，一个人沦落乡野，既无师友，亦无资料，居然仍能磨墨伸楮；能取得巨大收获，是平常人难以想象的。

张中晓

张中晓他在生命的最后十年中，在历经磨难艰苦备尝的逆境中，始终怀着一颗在知识中寻求力量的赤子之心，一笔一笔写下血泪凝聚的思想结晶。这就是王元化先生为之作序的《无梦楼随笔》。

张中晓，1930 年生于浙江绍兴，笔名有孔桦、甘河。他的父亲张绍贤先生，用中晓的话来说，是“七分旧三分新的读书人，非常老实，非常忠厚”，以一个邮电职员的收入支撑全家十二口人的生活。张中晓五六岁时，他父亲就向他诵读和讲述《左氏春秋》《战国策》的故事，他后来总忘不了“三人成虎”“董狐直笔”的教训。他八九岁时读过一年半小学，十三四岁时读过一年初中二年级，都因贫困而辍学。他自学不辍，读初中时得到一位英文老师的赏识而接触了新文学和翻译作品，自学由此转到这个方向。14 岁那年，他当了半年左右的小摊贩，贩卖麻糖、麻饼和练习簿铅笔之类。这本是为贴补家用而挣钱，但练习簿大半被他用在自己的习作上了，可见，他不是“下海”

张中晓（左）和友人合影，这是张中晓的唯一存世的照片

“下溪”的材料。

1947年，张中晓考入重庆相辉学院农艺系，第二年春季转入重庆大学。但这年秋冬之交，他的肺结核病急性暴发，半天里两次大吐血，被送进医院，随后回绍兴老家休养自学。他一生在学校里的日子实在不多，他丰富的知识都是在自学过程中积累的。在学校，除了“正经功课”，他主要是阅读社会科学和文学的中外书籍。

张中晓从16岁开始在报刊上发表诗作，18岁就写过论杜勃留波夫的文学评论，显出文学才华，可惜大多未发表。

1952年，张中晓来到上海，在上海新文艺出版社任编辑，与时任上海新文艺出版社副社长兼总编辑的王元化，作家与诗人耿庸、罗洛、鲲西等成为同事。

而张中晓能够成为上海新文艺出版社的编辑，则与王元化有关。

在当时这些同事的记忆中，王元化对张中晓当出版社编辑，是有引进之功的。据耿庸说：“我与中晓是新文艺出版社的同事。1952年1月到1955年来了‘反胡风’，这段时间我们一直是隔着桌子面对面坐在一起。但我和中晓相识则还要早些。1951年的秋冬，对电影《武训传》的批判热闹了一阵之后，《文汇报·文学界》发表署名‘罗石’的短文《〈武训传〉·文艺·文艺批评》，三四天后，《文汇报》便刊出了刘某人的反对文章，《文学界》执行编辑梅林就此询问我的想法，同时也告诉我罗石是刚过20岁的张中晓的笔名，这短文是他的第二篇文学短评，想不到激起风浪了。梅林说，他已向中晓建议同王元化和我通信。10月我们开始通信，12月左右中晓从绍兴到上海，说是由于梅林推荐，元化邀他来参与新文艺出版社的工作。我们见了面，在我家第一次谈了五六个小时，第二次谈了十二个小时以上，无所不谈，有很多共同的认识。”①

王元化自己则追述道：

> 中晓进新文艺出版社，我有引荐之责。当时他刚刚二十出头，至今我还记得他那双闪闪发亮似乎永远在追寻生活奥秘的大眼睛，是那样澄澈、坦然……当时我听了朋友的介绍，写信邀请这个不相识的青年到新文艺来工作。他不大讲话，总是默默地倾听着，一开始他就给我留下了很好的印象……

王元化在《胡风反革命集团三批材料》中提到的张中晓的信的内容其实很长，它是写给胡风的，胡风夫人梅志在《青春祭——记张中晓与胡风》中转述了一下，这封信可算是了解张中晓的第一手材料，故摘抄如下：

> 我生于1930年，出身是“读书人”家庭，家里有二十来亩田，一所在乡下的房子，这在绍兴是算小康之家的。我的父亲是邮局里的职员，是一个非常之诚实、忠厚的人，他靠旧社会给他的善良的、超人的德行生活到今天，他在邮局中做事已有二十七八年了。抗战的几年，我家里变得很穷，父亲没有本领赚“外快”，一月收入只有二三斗米，连自己也不能维持，我家就过着吃不饱穿不暖的日子（我家那时有五个弟弟、两个妹妹、一个母亲、一个老祖母、一个没有了儿女的残废的姑婆）。我在十四岁的一年读过一年初中，以后，失学了。为了生活，我曾做过一些小生意，摆过香烟摊、糖摊、杂粮摊等。挨过日本人和“和平佬”的巴掌（这在沦陷时，老百姓没有一个不挨过打的），还被“梅机关”和伪军捉去过一次，随军走了二十多天。
>
> 在中学的时候，我认识了一个先生（他是校中的教师），他藏有许多书，现在能记忆的是：鲁迅先生的书差不多都有，有一套《译文》，里面的插画使我惊奇，还有几本《七月》和几本“剪报”。我离开学校的时

① 耿庸：《文学：理想与遗憾》，上海辞书出版社2004年6月版，第361—362页。

候，还一直和他在一起，每天有一点空，我总是去看他的。《希望》，我也在他那里看到的，只有一本，仿佛是第二期，书面是没有了，很破碎。

那时，我当然是看不懂。但，本能地觉得这些是与我的生活有着关联的，这里面，这个先生对于我的帮助是很大的，他往往用这些书里的意义鼓励我，向我启发。话是极平常的，但我那时感觉到他的话有着与平常不同的见解。他的英文很好，我跟他学英文（一律都没有报酬）。总之，这个先生对我帮助是很大的，除了学问之外，他的诚实、坦白、单纯的性格，使我或多或少地感染了一些的。可怜得很，这个先生在抗战胜利前五个月（1945 年 3 月）被日本宪兵队拿去了，原因是他的一位表姐是共产党。后来，又在他那儿搜出了犯“禁”的书。

抗战胜利后，我的叔父回家了，□□□□□□国民党做了一个不大不小的官，由于他的帮助，我在 1946 年□□□□□北碚考进了相辉学院（西迁时复旦旧址），那时，我的英文自修到已能读《莎氏乐府本事》，我想读外文系，我的叔父要我读农艺系，于是我进了农艺系，第二年转入重大。

这二年，我除了“正经功课”之外，读了一点社会科学方面的书籍，读了几部西洋名著。重庆和北碚对我帮助很大的。重庆的“旧书摊”、北碚的图书馆，我从那里读了不少的书籍。我有五本《希望》、十多本《七月》。桂林版的《山水文丛》（你的《死人复活的时候》）、《人与文学》也是那时买的。还有你的论文集《看云人手记》（《密云期风习小纪》）、《在混乱里面》等。我对你们接近的原因，是因为你们所理解的人生，是使我感诚和亲切，和我息息相关。

可惜，这些书我回家时都抛了。

1948 年 5 月，我突然吐血（据医生诊断是已有五六年历史的肺结核）很厉害，血吐了两大面盆，原因大概是过去几年的困苦和两年来的“用功”。于是，回家。现在，又两年了。

现在，身体已可动动。两年来，虽然是睡在床上，但也读了一些书。你的《论现实主义的路》和《逆流的日子》，就是在这段时间内读的。此外，我还读些《蚂蚁》《荒鸡》，《鲁迅全集》读了十多卷，还读了《约翰·克利斯朵夫》。这部精神的搏斗记录，有助于我战胜肺结核的进攻。

我过去曾写过一些杂文和诗，现在，待身体较再好一点，我准备再写。

两年来，我脾气变了许多，几乎恨一切人。两年来，我睡在床上，家中情形也不甚好，我是用最大的力量战胜肺结核的，我想，这是使我恨一切的原因。两年来，我所受的苦难比从前的一些日子多，我懂得了什么叫作贫穷！什么叫作病，什么叫作挣扎！……对这个社会秩序，我憎恨！

人受苦越多，对甜味渴望得越厉害，而且，会诚实地接受"糖衣毒药包"的。去年，我被政治上的彩云震昏了！就学习文艺方面来说，我从生活费里省下几块钱来订了半年《文艺报》(第一卷)，我想，这里面该集合全国文艺的精华吧！但，谁知上了当：越看越讨厌。起初，总以为我还没有被"改造"，感情合不来的缘故(这是照现在的说法)。后来，在第十二期上看了沙鸥的压轴戏，我就从讨厌变成憎恶了。[①]

张中晓这封1950年7月27日给胡风的信，长达四五千字，而《关于胡风反革命集团的材料》仅仅只摘引了"我过去曾写过一些杂文和传，现在待身体较再好一点，我准备再写。两年来，我脾气变了许多，几乎恨一切人……对这个社会秩序，我憎恨"。这几句列为第三批材料第"六七"封信的摘录，也就是全部材料的最后一封，向世人揭出这位"反革命分子"的"狰狞面目"。

在上海新文艺出版社任编辑期间，张中晓对工作很有见解，对来稿提出中肯的意见，能发现来稿中的抄袭行为，是很有前途的青年编辑。在同事眼里，张中晓非常聪明、非常能干，鲲西先生记得："1952年新文艺出版社筹建成立，临时社址设在中央商场华侨银行大楼上。中晓是我接待的第一个来到编辑部报到的。我正担任编辑部的秘书事务，在随后陆续到来的人中，中晓留给我的印象最深。长的身材，有很大的眼睛，但看去身体是明显有病的。可是你一望便知这是有着敏锐的感觉的那种气质的年轻人。他的天资和禀赋在以后的共事中会被发现。我发给他一部稿子，最初几乎没有什么交谈，他是沉默寡言的。不久编辑

① 引自梅志：《青春祭——记张中晓与胡风》，见晓风主编《我与胡风》(上)，宁夏人民出版社2003年12月版，第118—120页。

鲲西先生在寓所接受采访，话题涉及在新文艺出版社工作期间与王元化、张中晓等人的交往（2008 年夏）

部的全部人马到齐，可以说这个新组成的编辑部，它的编辑阵容是高水平的，与时下任何一家最优秀的出版社相比都无逊色。”①

后来，张中晓因患肺病，动了大手术。1955 年 5 月，因胡风冤案牵连被捕入狱。他给胡风的信件被断章取义，被错误地认为是“最反动的暗藏反革命分子”。据说，在反胡风运动中，为坐实胡风及其同仁们“是个有组织、有纲领、有预谋的反革命集团”的罪名，有人当时揭发说，“胡风集团”内部论资排辈，组织严密，胡风是祖师爷，儿子辈为方字辈，包括方典（王元化）、方然等人；孙子辈为罗字辈，包括罗洛、罗飞（杭行）、罗石（张中晓）等人，云云。王元化和张中晓都被诬陷为“胡风集团”的骨干分子。

张中晓和王元化都被打成“胡风分子”以后，遭到了审查、询问、呵斥……那是家常便饭。

王元化和张中晓的交往，成为王元化在审查中的一个问题。1957 年初，王元化在隔离时期，有两位和王元化共过事的老作家来找他谈话。

在谈话当中，王元化为张中晓申辩，说他是一个纯朴的青年，当即受到其中一位的严厉呵斥。后来，王元化被指为对抗组织审查，这也是证据之一。

张中晓在狱中服刑期间旧病复发，咯血不止，于 1956 年被允准保

① 鲲西：《三月书窗》，上海远东出版社 1997 年 9 月版，第 115—116 页。

外就医，回到绍兴家中养病。收入没有了，甚至连购买户口米的粮票也没有了，只得依靠在当地邮局做小职员的父亲苦撑度日。

“大跃进”和三年困难时期，王元化的妻子张可突然收到一封寄至她单位上海戏剧学院的信。拆开来，其中还套着另一封封口的信，是张中晓写给王元化的。他不知道王元化也被定为胡风反革命分子，日子也不好过。张中晓在信中说：“你的情况大概还好，我很困难，活不下去了。但我还想活……”希望王元化给予援手等。读了他的来信，王元化心中惨然，思绪万千……

王元化手里拿着中晓的这封信，真不知怎么办才好。见信后，王元化陷入了激烈的思想斗争之中，自己处境危险自身难保，还要不要为张中晓出头？王元化认为，“从道义上说，我不能对他的来信置之不理。可是，我在当时的处境下又能为他做些什么呢？信件来往在胡风案件中曾构成严重问题，令人心有余悸。我拿着他的信，心中忐忑不安，害怕再惹祸事。在作为定案准则的《胡风反革命集团三批材料》中，中晓被说成是最反动的。他的一些直率言词，被解释作具有特殊的‘反革命敏感’。这种说法经过大肆渲染，‘张中晓’已成为令人毛骨悚然的名字。直到60年代，在一本指定作为学习文件的小册子中，仍在重复这些说法。”[①]他还回忆说：

那时朋友中只有一位还和我往来，他是我深深信赖的柏山。我去和他商量，他经过考虑，认为还是不要声张好。我把信搁了下来。但是不久，中晓又寄来了第二封信。他在信中再一次向我呼吁，诉诸我的良知，企图唤醒我由于权衡利害逐渐变得麻木而冻结起来的同情心。我不知道其他处境相同的人是否像我一样经过如此剧烈的心灵交战？我在审查时期曾有好几次发生过这样的精神危机。也许勇者是不会这样的。可是我的性格中蕴含着一些我所不愿有的怯懦成分，这一次我克服了自己的懦弱。但是应该承认，我并不是每一次都能做到这一步的。我通过罗荪把中晓的信转给了主持上海文教工作的石西民。他曾向我表示过，可以向他反映自己的困难，也包括其他受到处分的人，哪怕关

① 王元化：《〈无梦楼随笔〉序》，上海远东出版社，1996年版。

在牢里的也是一样。我和石西民素不相识，他说这些话的时候，我不敢深信，但后来证明他是真诚的。多亏在那可怕的岁月里有这样一些人，中晓总算有了一线生机。可是他没有活多久就逝世了。[①]

在给张中晓写的纪念文章中，王元化毫不掩饰自己在收到张中晓第一封信时的犹豫和脆弱（他完全可以不写这一段），但人们确从这些真挚的文字中感知到一个真实感人的形象。

就这样，“文化大革命”前夕，通过王元化等人的努力，张中晓回到上海，被安排在新华书店储运部劳动，做些寄发书刊的杂活，勉强糊口。病中的张中晓拼命读书，写了30万字的读书笔记。他的《无梦楼文史杂抄（一）》，开篇即谈论哲学，涉及了康德、黑格尔、斯宾诺沙、狄德罗、费尔巴哈，说到“道德原则”“理性”“人的灵魂”“价值”等，不到200字的篇幅中，精致的思考，深邃的思想，让人浮想联翩。

其实阅读张中晓的乐趣也就在他涉及的广泛的话题上：哲学、艺术、宗教、政治、文学、唯物、唯心、老子、孔子、庄子无所不有；大家之说，名人高论，无不涉及。他的思考精致，思维敏锐，的确值得反复玩味。尤其是他的文字中透出的思想个性与文化修养，令人欣羡不已。

张中晓遭遇到了人生的大不幸，但令人感佩的是他没有失却人生的信念和对知识对真理的追求。他写下这大段大段的文字，并不曾企望它们能够传世，能够被人阅读和理解，而只是出自心灵的需要。张中晓是一个明智的渴望生活的人，但他更是一个执着的知识分子。在苦难和冤屈之中，他挺直了骨骼坚韧地活着。

除了上述《文史杂抄》，张中晓的《无梦楼随笔》还包括《拾荒集》《铁路集》等三本笔记，内容庞杂零散、无标题、不分类，引文与感想并存，文言与白话串联。但其中的明显标志就是，这部书联结着他所处的环境以及特殊曲折的文学道路。张中晓对历史、民族文化、民族个性、人生精神等所作的理性反思，不是为了发表，或“藏诸名山，传诸后世”，他是为了弄明白纠缠于自己灵魂之中的众多问号。

但是，可怕的孤独与死亡的威胁一直笼罩着张中晓，他用坚强的意

---

① 王元化：《〈无梦楼随笔〉序》，上海远东出版社，1996年版。

志克服它们，灵魂中不断闪现的思想火花证明了这一点。

可怕的“文革”一来，苦难和疾病把张中晓拖垮了。据估计，他死于1966年或1967年，享年三十六七岁。王元化认为，当中晓能够苦撑着生存下来的时候，他相信未来，相信知识的力量。他决不苟且偷生，能活一天，就做一天自己要做的事。这本《无梦楼随笔》就是一个见证。书中生动地表明他是怎样在困厄逆境中挣扎，怎样处于绝地还在内心深处怀着一团不灭的火焰，用它来照亮周围的阴霾和苦难。当时他的贫困是难以想象的。我们从他的札记里时常可以读到“寒衣卖尽”“晨餐阙如”“写于咯血后”……之类的记载。据说，他曾把破烂外衣缝缝补补改为内裤。他就是在这种极端艰难困苦中，一笔一笔写下他那血泪凝成的思想结晶。

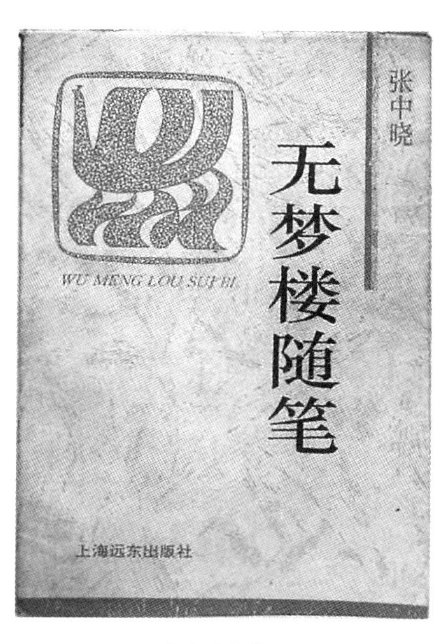

张中晓遗著《无梦楼随笔》封面

“文革”结束后，张中晓和王元化的冤案都得到彻底平反。张中晓的遗作《无梦楼随笔》得以正式出版，王元化提笔为这部著作作序。他说道：

当编者把书稿交给我嘱我写序的时候，正是我束装南下的前夕。在几天内，我读了经过整理的书稿，又借来中晓那三本札记。一边读，一边心潮随着起伏、激荡。我还来不及细细消化，借来的书稿和札记都得交还了。我写这篇序的时候，总觉得未能较深体会这些平凡文字的深意。从中我惊讶地发现，经过1955年的事件，痛定思痛，我们在许多方面几乎有着同样的内心体验和精神历程，这首先表现在完全出于自觉的反思上。这种反思是痛苦的，但它是以一种巨大的精神力量来进行的。人的尊严愈是遭到凌辱，人的人格意识就愈会变得坚强起来。这是施加暴虐的人所不理解的。在那些年代里，中晓以旺盛的求知欲读了他所能得到的书籍。在哲学方面,除了马恩原著外,主要是康德与黑格尔,他也是黑氏《小逻辑》一书的热心读者。他的札记中有《小逻辑》的大量摘录。札记中凡摘录黑氏著作,使用的都是贺译的名词术语。此外,他为了拓广视野,补足自己的知识不足,还读了不少古书。我发觉他对程朱理学和陆王心学都予以特殊的注意,这显然是想要纠正过去用唯物唯心划线,轻视思辨哲学的偏颇。札记中还用了不少篇幅来摘录《周易》的文字,可惜很少据以引申出自己的看法。中晓摘录这些文字,不会没有想法,但我们不能悬揣。札记中也摘录了不少基督教圣经新旧约中的文字。这方面比较容易理解。比如札记中曾摘录《旧约箴言》的话:"你在患难之日若胆怯,你的力量就微小。"显然就是和他当时处境与心情相关联的。

……

以上是我匆匆读了中晓的札记后的一点印象。这本书的不平常处,就在于它的作者没有想到能发表供人阅读。他那隐闭着的心灵沉思,我们从这本选编而成的《无梦楼随笔》中只能窥见一斑。要理解他在饱经患难中所经历的心路历程,即使读了全部原始札记,也仍旧不能轻易揭开那扇隐密的心扉。因为在当时处境下,纵使他在写给自己看的札记中,也还不能直言无隐。札记中也有一些自藏锋芒的隐语,一时是不容易明白它的含意的。札记中也有一些观点是在反思中出现的尚未成型的看法,记下来可能是为了备忘,以待日后进一步思考。但我觉得,如果我们细细体会他所留下的三本札记,就可以按照那些断断续续记下的一鳞半爪的思想轨迹,去探索他的思想变化、心理活动和精神历程。他在历经磨难、艰苦备尝的环境中,没有丧失生活的勇气,始终怀着一颗在知识中寻求力量的赤子之心。这不是每个中国知识分子都可以做到的。

……

中晓把他的居处叫作"无梦楼",《无梦楼随笔》也因此得名。这使我想起不久前由香港三联出版的顾准的集子《从理想主义到经验主义》。他们都命运坎坷,并不是为了传世而著书立说,只是由于不泯的良知写出自己的内心独白。他们的书名有共同之处。后者取名的含意是一目了然的。前者不免有些费人猜测。但中晓既以"无梦"命名,我想大概也含有抛弃梦想,向乌托邦告别的意思吧。

感谢王元化先生为张中晓的《无梦楼随笔》写了序言。序言详细地叙述了他与张中晓的交往,和在张中晓最困难的时期对他的资助,表现了王元化先生崇高的人格魅力,同时序中对张中晓的这本书作了很高的评价。1997 年,王元化在为《无梦楼随笔》台湾版作序时又写道:

……在如此困顿的逆境中,作者没有被生活所压倒,没有产生丝毫的沮丧情绪,仍然保持着清明的头脑和宽广的胸怀,这是令人感动令人惊讶的。饱经忧患使他更以同情的态度去看待人类的悲剧。作者在第五七节中说:"在颠倒的世界和混乱的时代中,人们的言论的悖理和行为的道德违反人性,是当然的现象,他们是牺牲者,道德上的失败者。他们干出了最蠢的事。像陷入一场噩梦那样,恐怖疲劳,两眼失神,他们的内心是非常矛盾和不安的。他们的不负责任和不诚实,常常是违反本质的。"读这段话需要仔细体会作者的时代和环境。如果不理解中国知识分子的苦难历程,不理解人在接连不断的运动中,由于恐惧和保存自己的本能,会干出怎样的蠢事,不理解牺牲者、道德失败者的人性是怎样被扭曲的……就不会懂得作者的这些告白。作者曾经赞美"出于自由心情"的"容忍",却以"幻想统治者恩赐的奴隶道德"这一特定涵义赋予"仁慈"这两个字(见第二五节),如果还后者以应有的意蕴,我们可以说,作者对待由苦难所滋生出来的脆弱人性……是宽恕的,也是仁慈的。我以为这类文字凝聚了作者极其深刻的思想,构成了这本书的最美篇章。

从本书一些文字中也可以看出作者正经历着极为痛苦的思想探索过程,如果命运不是那样残酷地把多种不幸降在他身上,而使他享有天年,我相信他会在现代中国思想史上作出很少有人可以匹敌的贡献的。可是他在荆棘丛生的思想征程上起步不久,才三十多岁,还可以工作许多年,就夭折了。[①]

① 王元化:《九十年代反思录》,上海古籍出版社 2000 年 12 月版,第 334—335 页。

有人曾经谈论过"思想史上的失踪者"。而张中晓就是在思想史上不该失踪的,真正超越了那个时代的思想者。因为他有沉甸甸的思想果实遗留后世,纵然一时蒙冤,尘封多年,总有重新发现的一刻。思想史所崇敬的,永远是那些智慧的先知,那些真正拥有思想遗产的精神富有者。

附录

王元化谈鲁迅*

小　　引

元化先生生于1920年,从小就受到“五四”思潮的洗礼,他从青少年时代起就喜爱鲁迅。早年在鲁迅精神的感召下,在抗日烈火纷飞的年代里参加革命,从事文艺工作。

1937年卢沟桥事变。8月8日,日军开进北平。驻城国军要撤走了,北平一片混乱,到处是准备逃难的人群,元化先生全家也夹杂在其中。听说日军要抓知识分子,书籍和钢笔只得扔下,可是他实在不舍得那一幅自己画的鲁迅像和两册《海上述林》,就瞒着家人塞入箱里……

元化先生今年已经八十有六,目力不济,读写都困难。今年是鲁迅先生逝世七十周年,《书屋》杂志委托我向他组稿。我与元化先生商量的结果,由我将先生过去所写有关鲁迅诸篇,摘其精要,汇编在一起,以便读者阅读。

编辑者

2006年7月22日

一

鲁迅在1918年发表的《生命的路》,今天读来还使我们感到它的分量。他说:“无论什么黑暗来防范思潮,什么悲惨来袭击社会,什么罪恶来亵渎人道,人类的渴仰完全的潜力,总是踏了这些铁蒺藜向前进。”这是多么雄壮,多么勇敢,多么充满信心!他的热爱一直倾注在

---

* 罗银胜辑录,原载《书屋》2006年第9期。

那些被侮辱被损害的卑微灵魂身上。即使像《阿Q正传》这篇被人歪曲为作者“心里藏着可怕冰块”的讽刺小说，如果我们理解他那“哀其不幸，怒其不争”的基本命意和唤醒昏睡麻木的自觉企望，那么，无论如何也不能够把“冷嘲”和“滑稽”这种曲解胡说去侮辱作者的。长期以来有一种偏见，以为揭发弊端就是出于心怀恶意。但是要知道……对于旧的批判得愈深，对于新的则爱之弥切。我们应该这样理解鲁迅，也应该这样理解那些怀着真诚的爱去揭发社会弊端的作家。（摘自1953年所写《人格力量与思想力量》）

二

……写鲁迅传不必拘于一格，如果有人采取另一种写法，像车尔尼雪夫斯基写的以别林斯基文学活动为中心《果戈里时期俄罗斯文学概观》那样，从我们现代文学史的波澜起伏的背景上，理出鲁迅的思想脉络和他在每一历史阶段留下的战绩，那也是很有意义的。不过，这就需要对鲁迅的对手，如早期代表文化传统派的《甲寅》杂志、陈西滢和他所属的新月派首领胡适、提倡语录体小品文的林语堂和以苦茶名斋的周作人，以及在另一领域内，而属同一营垒的创造社、太阳社，直到晚年时“左联”内部的两个口号之争，都进行系统的探讨，占有充分材料，才能作出公正的史的评述。如果只根据鲁迅本人的文章来品评，明于此而昧与彼，那就会使他的许多针对性的观点难以索解。似乎我们至今还没有充分掌握鲁迅对手的资料，把双方的观点摆出来，作出实事求是的深入评述。今天我们可以用清醒冷静的头脑公正地去评价过去我们文学史上的那些功过是非了。不能以单纯的顶礼膜拜之情，更不能以意气用事的褊狭之见来代替科学的论断。让我们采取车尔尼雪夫斯基在《果戈里时期俄罗斯文学概观》中论述别林斯基与波列伏依、森柯夫斯基、歇维辽夫的论争时，以及在论述别林斯基所属的斯坦凯维奇小组和赫尔岑所属的奥格辽夫小组之间发生分歧时，那种忠于历史、尊重事实、公正无私的良史直笔吧。（摘自1981年所写《关于鲁迅研究的若干设想》）

三

鲁迅写的《论辩的魂灵》《牺牲谟》《评心雕龙》等杂文中所勾画出来的强词夺理的诡辩，十分深刻地揭露了一直在我们社会中流传不绝的阴鸷反噬之术。试举第一篇的一则为例：

你说甲生疮。甲是中国人，你就是说中国人生疮了。既然中国人生疮，你是中国人，就是你也生疮了。你既然也生疮，你就和甲一样。而你只说甲生疮，则竟无自知之明，你的话还有什么价值？倘你没有生疮，是说诳也。卖国贼是说诳的，所以你是卖国贼。我骂卖国贼，所以我是爱国者。爱国者的话是最有价值的，所以我的话是不错的，我的话既然不错，你就是卖国贼无疑了！

我们是多么熟悉这种诡辩术。如果有人采用综合研究法，从逻辑学和文化心理学角度加以剖析，揭示这种诡辩怎样玩弄权诈，乃是很有意义的。可是这项工作，鲁迅研究者没有去做。为什么竟遗漏了比马克·吐温《竞选州长》所揭露的造谣报纸更可畏、更毒辣如上述"鬼画符"之类的丰富材料呢？似乎没有人去探讨鲁迅著作中这方面极有价值的材料……（摘自 1981 年所写《阴鸷反噬之术》）

四

鲁迅似乎从未提到龚自珍。首先，照理说，鲁迅和龚自珍有许多相通的地方，为什么鲁迅对他没有只字涉及呢？这是我百思不得其解的。章太炎曾斥龚自珍"欲以前汉经术，助其文采，不素习绳墨，故所论支离自陷，乃往往如谵语"。这种指责是极不公允的，只能视为经学今古文之争的门户之见。我不能断定在对龚自珍的评价上，鲁迅是否受到了章太炎的影响？我希望有学力的研究者作出深入的探讨……章太炎曾在《訄书》中说："瘢夷者恶燧镜，伛曲者恶绠绳"，便是对于社会上反对揭示真相的讽刺文学的有力驳斥。可以看出鲁迅曾吸取了章太炎那种犀利的讽刺笔法。其次,章太炎对魏晋时代文学作了再估价,恢复了它在学术史上的应有地位。在这一点上,鲁迅也很可能受到他的影响。鲁迅曾校《嵇康集》,写过《魏晋风度及文章与药及酒之关系》。他喜爱阮籍、嵇康等人的文章,一扫前人奉儒家为正宗、对玄学家和清谈家所采取的不屑一顾的成见,而肯定阮嵇等人非汤武、薄周孔的反礼教的积极一面。他在涉及古代文论时,每每征引陆机、刘勰之说,并以新见解加以引申,不仅殚其底蕴,且发扬光大,使之至今仍具有生命力。例如,他对《文赋》中的"榛楛弗剪"这一论点的阐发就是明显的例子。……(摘自1981年所写《关于鲁迅研究的若干设想》)

五

鲁迅说章太炎在革命史上的业绩比学术史上的要大,鲁迅和太炎在思想倾向上是很不同的。但是,如果不把学术上的承传当作简单的模仿或因袭,而视为潜移默化的汲取,那么,我认为鲁迅对国学的某些看法,在一定程度上是受到太炎的影响的;不论这影响是自觉的,还是不自觉的。

蔡元培称鲁迅曾受清代学者的濡染,认为他杂集会稽故郡杂书,校《嵇康集》,辑谢承《后汉书》、古小说、唐宋传奇,编汉碑帖、六朝墓志目录、六朝造像目录等,全用清儒家法。鲁迅自称,他在写作上先受严复后受太炎影响。我认为,鲁迅受太炎的影响,除早期文言文喜用古字和成为鲁迅文章特色的犀利笔法外,还有其他一些方面,现简述如下:

章太炎继顾炎武、钱大昕、朱彝尊的余绪,破千年来的偏见,对魏晋南北朝学术思想,作出再认识、再评价。他的《五朝学》可以说是一篇为魏晋玄学所作的有力辩词。这篇文章以汉末与魏晋作对照,批驳后世所谓魏晋俗弊之说,用史实证明汉末淫僻之风远过魏晋。《五朝学》说:"经莫穹乎礼乐,政莫要乎律令,技莫微乎算术,形莫急乎药石。五朝名士皆综之,其言循虚,其艺控实,故可贵也。"这是对于魏晋玄学的很高评价,发前人所未发。鲁迅早年校《嵇康集》,写小说《孤独者》魏连殳采用阮籍居丧故事,这些事本身就说明了他对魏晋玄学的态度。后来他撰《魏晋风度及文章与药及酒之关系》,就更说明了他对那个时代的学术思想的重视。这篇文章的着眼点与《五朝学》不同，但从学术渊源来看，仍可发现两者之间的某种关联。最为突出的是这两篇文章都提出了玄学和礼教的关系问题。应该说这一儒玄可通的观点滥觞于《五朝学》。按照以前的说法，两者是很难调和的。如王何解儒经就曾被儒家极端派斥为“罪深于桀纣”。太炎据史论玄学兴起之原因，认为当时倘徒陈礼教，不易以玄远，则不足以戒奢惩贪。这是史有明证的。可是后人不见汉末风气已坏至唐则尤甚这一事实，独斥魏晋，以致责盈于前，网疏于后，是极不公正的。《五朝学》称：“五朝有玄学，知与恬交相养，而和理出其性，故骄淫息乎上，躁进弭乎下。”这也是说魏晋玄学实可纠汉末风气之弊。太炎指责魏晋的，乃是自魏文定九品官人法以来所形成的士庶区别门阀制度，故他批评顾炎武所谓魏晋矜流品为善的说法为“粗识过差”。这些看法都与鲁迅相契合。（摘自 1992 年所写《鲁迅与太炎》）

六

太炎对秦代及其学术思想的评议，也与鲁迅有某种契合。太炎撰《秦献记》《秦政记》，为秦代申辩，称贾生过秦为“短识”。他认为秦皇微点，独在起阿房，以童男女三千资徐福渡海求仙诸事，而“其他无过”。太炎文录有《与王鹤亭书》，其中说：“经术之用，不如法吏明矣。”鲁迅对秦代及其文化没有像太炎上述这样肯定的评价，不过，他在早年所写的《文化偏至论》等文言文中，对“平等自由之念，社会民主之思”的指责，与太炎的两记颇有相通处。《秦政记》称：“古生民平其政者莫遂于秦”，两记并以此为主导思想去评骘秦代文化。鲁迅在《华德焚书异同论》中，为始皇叫屈，说他与攻陷亚历山德府的阿拉伯人、希特勒之流不可作同日而语。认为后者也做不出始皇所做的书同文、车同轨的大业。秦代无文，鲁迅在《汉文学史纲要》为李斯独立一篇，称他尚有华辞，而在划一文字上则有殊勋。其第七篇合贾谊和晁错为一章，强调贾谊的法家色彩（司马迁是以屈原贾生合传的）。而文中称贾不如晁“深识”“沉实”，则似乎多少受到太炎所谓“短识”的影响。鲁迅曾明言，自己有庄周的“随便”与韩非的“峻急”。他说“背了这些古老的鬼魂，摆脱不开，时常感到使人气闷的沉重”。我认为从以上所揭示的一些资料，可以进一步发掘鲁迅与太炎在学术思想上的关系。（摘自2006年出版的《人物·书话·纪事》）

七

从《二心集》开始，鲁迅虔诚地接受了被他认作是党的理论家如瞿秋白、冯雪峰等的影响。这一时期，他的不少文字带有特定意义上的这种遵命文学色彩。例如，他对“第三种人”的批判、对文艺自由的论争、对阶级性的分析，以及对大众语和汉字拉丁化的意见等等，都留下了这样的痕迹。

现试举另一例。早期，鲁迅在1907年写的《文化偏至论》中说“布鲁多既杀该撒，昭告市人，其词秩然有条，名分大义，炳如观火；而众之受感，乃不如安东尼指血衣之数言。于是方群推为爱国之伟人，忽见逐于城外。夫誉之者众数也，逐之者又众数也，一瞬息中，变易反复，其无特操不俟言；即观现象，已足知不祥之消息矣”。这分明是排众数的主张。但是，他在1934年写的《又是“莎士比亚”》和《“以眼还眼”》，对杜衡援引莎剧《裘力斯·凯撒》所描写的这同一历史事件，却作了完全不同的评价：“我就疑心罗马恐怕也曾有过有理性，有明确的利害观念，感情并不被几个煽动家所控制所操纵的群众，但是被驱散，被压制，被杀戮了。莎士比亚似乎没有调查，或者没有想到，但也许是故意抹杀的……”布鲁特斯（布鲁多）不仅在文艺复兴时代，而且也在启蒙运动时代，都被当作推翻专制暴君的英雄加以歌颂。鲁迅在早期也是持这种观点，可是后来他不再提了。上面那些为群众辩护的话，显然是牵强的。它使人感觉到鲁迅担心如果不作一些肯定的评价，会使人丧失对群众的信心，其实这是多余的。在罗马以后十几个世纪，俄国思想家车尔尼雪夫斯基曾这样说到专制时代的俄罗斯：“可怜的民族，奴隶的民族，上上下下都是奴隶。”列宁评论这段话说：“公开的和暗藏的俄罗斯奴隶是不喜欢回忆这些话的。然而我们却认为这是本着对祖国真正热爱所说的话，是因感慨大俄罗斯民众中间缺少革命性而吐露的爱国热情的话。”就是按照马克思主义的观点也并不主张一定要讳言群众的落后性，或者甚而把群众加以理想化的。

在这几年中，纵使从鲁迅身上也可以看出当时的某些思想倾向的影响。早年，他经常提到的个性、人道、人的觉醒……在他的文字中消失了。直到他逝世前，才开始超脱“左”的思潮，显示了不同于《二心集》以来的那种局限性，表现了精神上新的升华。他最后发表的那些文章《我的第一个师父》《女吊》《死》《凯绥·可勒惠支版画选集序目》等，写得既沉郁又隽永。（摘自1988年所写《鲁迅思想的曲折历程》）

八

鲁迅晚年答徐懋庸曾用了一个不大被人注意的用语“破落户飘零子弟”。这一说法很值得玩味，可惜他未深论，只是举出几个特点，如喜欢叽叽喳喳搬弄是非等等。后来我读杜亚泉论游民与游民文化的文章，杜指出过剩的劳动阶级与过剩的知识阶级结合在一起，就产生了游民文化。这种文化以尚游侠、喜豪放、不受约束、不计生计、嫉恶官吏、仇恨富豪为其特点。又说这种人有两面性：一面夸大骄慢，凡事皆出于武断，喜压制，好自矜贵，视当世人皆贱，若不屑与之齿者；另一面则是轻佻浮躁，凡事皆倾向于过激，喜破坏，常怀愤恨，视当世人皆恶，几无一不可杀者。我觉得这些话颇可用来作为“破落户飘零子弟”的注释。（摘自1994年所写《“破落户飘零子弟”》）

九

……我一直希望多一些有思想的学术和有学术的思想。倘不是在非常时期，知识分子毕竟应在知识领域中发挥作用，而不应抛弃自己的本来职责。记得少年时读到鲁迅在抗战前夕所写的一篇文章，他说他所能做的仍是运用手中那支笔，这笔是五分钱买来的，名字叫作“金不换”。这句话很能代表我今天的心情。我们只是想做一些我们认为有意义而别人没有做的事。（摘自1994年所写《学术集林》卷一《编后记》）

十

长期以来,在学术思想领域里散播了过多的仇恨,这还不仅仅是“阶级斗争一抓就灵”之类所产生的政治影响,在学术领域里也存在着问题。鲁迅是我从青少年时代一直膜顶崇拜的作家,读他那些冷静表壳下抑制不住地迸发出来的激情文字,使我至今仍感到灵魂上的震撼。但鲁迅也不是超凡入圣的神明,他也有他的缺点和局限。他曾自称身上存在着韩非的峻急和老庄的随便。如果我们看不到他的宽阔胸怀,只把他在愤激时所说的意见,如称吃鱼肝油不是为了所爱的人而是为了所恨的人,又如说自己不惜从最坏方面去看人等作为原则而突出出来,那就失之于偏颇了。很遗憾,现在有些作者往往不去思考这类问题,批评争论对手时以骂得淋漓尽致为快。我觉得我们还缺少一些宽容精神。前人有两句话很值得我们注意,这就是“和而不同”和“群而不党”。这种精神也许可以消除一些拉帮结派党同伐异的无原则纠纷。(摘自 1994 年所写《和而不同群而不党》)

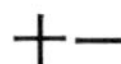

从本世纪初以来,莎士比亚在中国并没有获得好运。“五四”新文化阵营中有不少人是以弘扬文艺复兴精神自命的,可是他们对于西方文艺复兴的这位代表人物,却显得十分冷漠,对他尚不及对那些无论在才能或成就方面远为逊色的作家的关注,仅仅因为这些作家属于弱小民族的缘故。我们只知道胡适曾鼓励别人翻译莎剧,但很少人知道他早年是贬责莎士比亚的。……鲁迅虽然没有贬莎论调,但莎士比亚并不是他所喜爱的西方作家。他没有写过专门谈论莎士比亚的文章,当论战的对手提到莎士比亚的时候,他才涉及他,说《裘力斯·凯撒》并没有正确地反映罗马群众的面貌。“五四”时期的一些代表人物不喜欢莎剧,虽然各有各的理由,但主要原因除了具有功利色彩的艺术观之外,也可能是由于已经习惯了近代的艺术表现方式,而对于四百多年前的古老艺术觉得有些格格不入。(摘自 1997 年所写《“五四”时期不喜

欢莎士比亚》)

十二

年轻时读鲁迅《新文学大系·小说二集序》评王鲁彦的作品,有一段话说:“秋天的雨,‘无心’的人,和人间社会是不会有情愫的。要说冷静,这才真是冷静,这才能和‘托尔斯小’的无抵抗主义一同抹杀‘牛克斯’的斗争说,和‘达我文’的进化论一并嘲弄‘克鲁屁特金’的互助论。对专制不平,但又向自由冷笑。作者是往往以诙谐之笔出之的,但也因为太冷静了,就又往往化为冷话,失掉了人间的诙谐。”

初读鲁迅这段话我不懂是什么意思。事隔多年,才忽有所悟。所谓“对专制不平,但又向自由冷笑”,这是指一种“太冷静”“没有心的参与”(即文中说的“无心的人”)的诙谐。在这种诙谐(或今天所谓的调侃)下,什么理想、崇高、道德、真善美……统统滚他妈的蛋!这个世界上再没有什么值得尊重的东西,让每个人身上都抹上一点屎吧。鲁迅那些话就是对这种极端虚无态度的批评。可是为什么托尔斯泰成了“托尔斯小”,马克思成了“牛克斯”,达尔文成了“达我文”,克鲁泡特金成了“克鲁屁特金”呢?日前杨扬来访,他正在编王鲁彦文集。我问他王鲁彦是否曾说过“托尔斯小”一类的话。他回答说,记忆中无此印象。我请他回去帮忙查查看。不久,他打电话来说,在王鲁彦一篇小说《柚子》里果然查到了。这篇小说是写作者和他的友人T君在街上去看杀头,在慌忙中,T君撞倒一个行人。作者就这件事说:“撞倒一两个人有什么要紧呢?况且人家的头要被割掉,你们跌一跌又算什么?托尔斯小先生说过:‘自由之代价,血与泪也。’那么我们为要得到在这许多人马中行走的自由,只好请你们出一点血与泪的代价了。”从这段话来看作者的态度很明显,正是鲁迅说的那种“对专制不平,但又对自由冷笑”。王鲁彦把几个伟大人物的名字更改了,其意若谓:你们不是说托尔斯泰伟大吗?我偏说他“小”,所以叫他托尔斯小。其他可以此类推,达我文者,“我”乃“尔”(你)之反,一字之易,使得达尔文心里根本没有了“你”,只剩下一个“我”字。而“牛克斯”乃对马克思之蔑称,“什么马克思牛克斯”在当时早成为某些人的口头禅。至于“克鲁屁特

金”则更是露骨的詈骂了。(摘自1998年所写《托尔斯小之类》)

十三

如何看待鲁迅在思想上是反专制的,为什么在章太炎影响下接受秦始皇?我的意见是,应当把章太炎的思想当作当时的一种思潮来看。章太炎虽然肯定秦始皇,但他也是反对专制主义的。直到民国后他还以大勋章为扇坠,跑到总统府去诟骂袁世凯称帝。这事曾使鲁迅感动。在此之前,章发表过不少反专制的文章,我曾在文章中提到《訄书》的反专制统治之文,这些文章令人展卷方诵,血脉已张。但是他为什么又去赞扬秦始皇呢?这种矛盾看来似乎是思想的任意倾斜,其实是有时代背景的。自清末,神州大地经三千年未有的奇劫巨变,到了生死存亡关头,救亡图存是这几代人所面临的重要问题。中国要御侮,要富强,首在精诚团结,克服所谓“一盘散沙”现象。柳诒徵在《学衡》上撰文称:“爱国合群之名,洋溢人口,诚实者未尝不为所动。”即是指此。章太炎早年曾撰《明独》,阐明大独与大群的关系。他说:“夫大独必群,不群非独也。”这里说的大独似乎个人独立。而大群则近乎今天所说的集体主义精神。可见在那时个体与群体是不矛盾的。“五四”前,卢梭思想已介绍到中土,卢梭的《社会契约论》对当时的改革思想、革命思想起了很大的作用。章太炎所谓“大群”,正是卢梭包括全民在内的集体,他像卢梭反对“众意”而主张“公意”,从而反对小团体、小宗派一样,他也反对亲缘宗族的所谓“小群”。这不仅是章太炎一个人的思想,康有为破九界倡大同说,谭嗣同申言“无对待”等等,莫不如此。孙中山也有同样主张,他曾说:“中国人只有家族主义和宗族主义,没有国族主义。”后来毛泽东也认为族权宗祠以至家长的家族条规是束缚人民特别是农民的四大绳索之一。所以我以为这是当时的时代思潮,而它的产生是有具体历史背景的。过去我不理解“五四”时期为什么要主张非孝而反对家庭,我感到奇怪,“五四”时期主张非孝的人如胡适、鲁迅在行为上却是信守孝道的。中国旧社会的家庭,也并不都像“五四”时代所描写的那么黑暗可怕。那时只有梁漱溟对中国的家庭比较肯定,这几乎是唯一的例外。我觉得他所作出的好坏两方面分析,倒是实事求是的。近来我读了一些材料,再考虑这个问题感到可以理解了。用上面所援引的章太炎的说法,这个问题似乎不难解决。这就是他说的“大独必须大群,无大群即无大独”。这句话是直接指引到集体主义的。因为照章太炎来看,要实现大群,首先必须大独。所谓大独,即是从小团体、小宗派中解放出来,破除亲缘宗法的一切羁绊(当时所说的封建,并非指西方的封建概念,乃是指我们的宗法制度、宗法社会)。这恐怕是“五四”时期把非孝和反对家庭作为反封建的一个主要原因。至于为什么鲁迅既反专制,又赞成秦始皇的问题,我想,这是由于秦始皇在六国纷争后,终于完成了全国统一的大业。这在当时看来,对中国是最为重要的。鲁迅就曾对秦推行的书同文、车同轨,表示了赞许。我曾经用历史走错了房间来解释卢梭的社会契约论。一些倡导自由平等的人,往往会从他们以幻想绝对的集体主义为终极目标的主张中,导致专制主义。这是他们想不到并违反初衷的。(摘自 1999 年所写《对于“五四”的再认识答客问》)

十四

“五四”在中国思想史上曾发生重大作用,可是后来却成了历史的讽刺,个性消亡了,变成了为政治服务的工具,变成了螺丝钉,独立精神、自由思想荡然无存了。许多人是到了 30 年代左倾化之后,才放弃个性解放精神的。像鲁迅这样伸张个性的思想家,也是在那时候说自己属于遵命文学的。鲁迅的思想有曲折的发展过程。他自己也说过是由进化论到阶级论。大革命时,他受到血的教训变成阶级论者以后,他的思想左倾了,说自己是遵命文学。诚然,他并不是遵奉统治者、权势者、压迫者的命令,和那些奴颜媚骨的投机家有着根本区别,显示了一贯的正直与骨气。但这并不能使他不犯错误,因为一旦跨入遵命文学,就难免会使自己的独立精神、自由思想不蒙受伤害。30 年代,他参与批评文艺自由与第三种人运动,是受到极左路线的影响。当时第三国际提出了反对中间派的口号,中国共产党在左倾路线的影响下,同样把中间派作为主要打击对象,认为中间派比反动派对革命的危害还要大。文艺界也伤害了一些不应伤害的文学家(比如施蛰存当时就被当作第三种人,魏金枝也被当作第三种人的同情者而遭批判)。如果鲁迅当时不是依靠政治信念,而是以自己的独立思想来明辨是非、分清曲直,他也许不会造成这种失误。此外,同样由于政治倾向,鲁迅在答托洛斯基派陈某的信中,也作了错误的判断,怀疑他拿了日本帝国主义的金钱。托派也是极左的派别,我并不赞赏。鲁迅所指摘的那个人,在信发表六七年后,因抗日被捕并在日本特务机关被害。但鲁迅到了晚年,也逐渐领悟这种遵命文学是有弊端的。这一点,从他在不少书信中对于那些被他称为"元帅"的文艺界党的领导的抱怨与微词,以及声称要按自以为然的道理去做……这些情况来看,是有迹可寻的。他给萧军信中劝他不要参加组织,认为"在外边"还可以做些工作,恐怕也是同样心情的流露。(摘自 1999 年所写《对于"五四"的再认识答客问》)

十五

我喜欢《文心雕龙》跟鲁迅对刘勰这部书的推崇是有关系的,鲁迅书中有五处论述到《文心雕龙》,都是极其精辟的。比如,《文心雕龙·辨骚篇》有"才高者菀其鸿裁,中巧者猎其艳词,吟讽者衔其山川,童蒙者拾其香草"四语,鲁迅说刘勰在这里所要阐述的是那些《离骚》的模仿者,"皆着意外形,不涉内质,孤伟自死,社会依然,四语之中,含深哀焉"。鲁迅用短短数语就道出了其中的涵义。他说刘勰这四句话,隐寓着悲哀:那些模仿者没有一个人看出屈原的深刻思想。他们不知屈原的成就不仅在文学上显示出华彩,而且更重要的是对社会所发出的正义呼号。我原来是读过《文心雕龙》的,当时就看不出这里面有这么沉痛的意思。读了鲁迅的简短评语后,再读《文心雕龙》就有深层体会了。此外,《文心雕龙》另一篇文章《程器篇》中说"将相以位隆特达,文士以职卑多诮,此江河所以腾涌,涓流所以寸折者也。名之抑扬,既其然矣,位之通塞,亦有已焉"。鲁迅对此评价说"东方恶习,尽此数言"。从这里我们可以看到鲁迅对中国文化有极其精深的见识。现在为什么不在这领域进行很好的开拓呢?

从历史评价方面来说,鲁迅不能免掉"五四"时代文化的局限。"五四"文化思想对我们的好处很多,但也有它的局限,哪个时代没有它的局限？没有局限的社会不是真实的社会，没有局限的人不是一个真实的人。中国传统文化中有很多好的方面，需要继承，但不能因为有好的方面就全部接受，要有鉴别；同样也不能因为有坏的地方就一概否定。“五四”时代往往做不到这一点。但国外就不是这样。比如柏拉图曾赞成奴隶制。但柏拉图在思想文化领域有很多真知灼见，对于西方文明具有深刻影响，我们接受他的思想文化遗产时不去接受不好的方面就可以了。难道可以说我们赞成柏拉图就是赞成奴隶制吗？外国人就没有由此喊出“打倒柏家店”的口号。我们对待孔子也应该这样。

现在鲁迅研究中重复的东西太多了，没有新意，思想狭隘。鲁迅的领域大得很，不要只抓住一些问题谈，要扩大研究视野，开拓出去，这样鲁迅研究才能有更广的发展前途。（摘自 2004 年所写《清园谈话录》）

十六

龚自珍论孔子观人提及“怪虎豹”的话，使我想起鲁迅也有类似的看法。1936 年，鲁迅去世前不久，《作家》上刊出了他的一篇《半夏小集》，后来收入《且介亭杂文末编》。这篇文章包括几则各自独立的短文，其中有一则谈到，庄子认为他死后身体可以随便处置：“在上为乌鸢食，在下为蝼蚁食”，结果都一样。但是鲁迅不同意这种看法，他说：“假使我的血肉该喂动物，我情愿喂狮虎鹰隼，却一点也不给癞皮狗吃。养肥了狮虎鹰隼，它们在天空、岩角、大漠、丛莽是伟美的壮观，捕来放在动物园里，打死制成标本，也令人看了神往，消去鄙吝的心。但养一群癞皮狗，只会乱钻、乱叫，可多么讨厌！”

当时我看不懂这段话的意思是什么。我记得鲁迅在他的早期著作中曾说过，他的身上背负着两个古老的鬼魂，一个是韩非的峻急，一个是庄周的随便。《半夏小集》所引用的庄子的话就是一种随便的态度。由此推想，鲁迅这则短文大概是要表明摆脱早年背在他身上的庄周的鬼魂罢。但这样解释，毕竟未明根本。直到最近在写《谈四代篇》时，才忽然想到鲁迅赞美“在天空、岩角、大漠、丛莽”出现的狮虎鹰隼，岂不正像龚自珍赞美高山丛林中的“怪虎豹”？鲁迅憎恶“只会乱钻、乱叫的癞皮狗”，岂不正像龚自珍憎恶那批“庸俗、卑吝、猥琐的侏儒”？

这种胸襟、这种思想，不也同样表明，在一个风雨飘摇动荡不安的时代，对于一种坚强的性格、充沛的精力、巨大的气魄的期待或向往？鲁迅写下这段文字的时候，正是日寇蠢蠢欲动、国家面临存亡之秋，他的忧思掺和着时代的声音、社会的呼喊，凝聚成一片。这段话是怀着沉重的心情写下来的。（摘自 2004 年所写《清园谈话录》）

王元化和他的首部著作*

王元化先生是一位著作家，一生著述宏富，出版了各类著作近百种。寒斋别无长物，倒是藏有元化先生的第一部论文集《文艺漫谈》，我很是珍视，并曾得意地在元化先生生前出示过。

这本《文艺漫谈》，是1947年6月由上海通惠印书馆出版的，从该书的版权页上看，著者署名为“何典”，发行人为诸度凝。据元化先生告知，书名《文艺漫谈》及笔名何典均系书店代拟，未征得本人同意。此书一度绝版，后与徐懋庸的《文艺思潮小史》、朱维之的《中国文艺思潮史略》、吕天石的《欧洲近代文艺思潮》、黄忏华的《近代文学思潮》和蒋方震《欧洲文艺复兴史》一起编入“民国丛书”第一编，由上海书店影印刊行，不过这已经是20世纪90年代的事了。

元化先生的《文艺漫谈》一书所收论文截至1945年止，多是孤岛时所作。书中篇目有《现实主义论》《鲁迅与尼采》《民族的健康与文学的病态》《论掩蔽、弯弯曲曲、直截的戳刺》《帮闲文学与帮忙文学》《关于金批水浒传的辨正》《曹禺的“家”》《关于阿Q》《克利斯朵夫》。本书系元化先生在1945年所编，抗战胜利后出版。元化先生在《清园论学集序》中回忆此书时说：“这些文字多半是抄袭苏联的理论模式，很少有自己的看法和感受，我从这种模仿中挣扎出来，已是孤岛时期结束以后。”

其实，元化先生的《文艺漫谈》中的论文不少还是富有意义的，如长篇论文《鲁迅与尼采》，1939年曾在《新中国文艺丛刊》第三辑《鲁迅逝世纪念特辑》上发表。丛刊编者戴平万（元化先生在上海地下党文委的战友）在特辑的编后记中指出：“《鲁迅与尼采》的作者，还是一位二十岁左右的青年。他以这样的年龄，而能有这么严正的精神来治学，真是可敬。虽然在这篇论文中，对尼采的个性解放，在某一阶段的革命

---

* 原载2009年5月22日《解放日报》。

性，估计尚不充分，多少有点机械味儿，但对于鲁迅先生的思想分析，却非常正确。”事隔几十年，元化先生在他的《向着真实》后记中提及此事时说道：“这已是过奖的评语，但我正年少气盛，当平万同志见面征询我的意见时，我竟顶了回去。现在我还记得我有些失望并对我宽容的脸色。”

元化先生生前曾经说过，他对其早年的作品，所持的态度是“讳而不悔”，这样的话，我记得他说过不止一次。即便如此，他对《文艺漫谈》中的论文，如《关于金批水浒传的辨正》一文，经过修订，定名为《关于金批水浒传辨正》收录于《清园论学集》之中，于1994年12月由上海古籍出版社出版。而这部论学集，元化先生是很看重的。

《文艺漫谈》所收文章的体裁多样，既有长篇论文，又有考证文字，还有剧评，如首篇《现实主义论》是发表在《戏剧与文学》杂志上的长篇论文，时为1940年，元化先生只有20岁。元化先生的剧评《曹禺的“家”》写于1943年，他后来在《读莎剧时期的回顾》一文说过：“1943年上海国华剧社在金都戏院上演曹禺改编的《家》的时候，我写了一篇剧评，收入我最早的一本论文集《文艺漫谈》中。”

王元化谈《铁道游击队》的出版*

上海文艺出版社的前身是新文艺出版社。1951年王元化先生受命组建了新文艺出版社,并出任总编辑兼副社长。由于社长刘雪苇又任华东文化局局长,所以出版社的日常工作由元化先生负责,他为文艺社初创时期的发展殚精竭虑,贡献殊多。

我因为写作传记,需要积累素材,丰富史料,得便时就来到元化先生跟前,陪他聊聊天,听他讲讲他传奇般的人生经历。如今想起当年元化先生健在时,在庆余别墅亲受謦欬的情形,仿佛历历在目……

有一次,与元化先生交谈中,不知怎么就谈到当下十分热门的所谓"红色经典"的话题上来,这下打开了先生的话匣子。当然,先生对"红色经典"是持保留意见的,不过这天他却谈笑风生地说起自己与长篇小说《铁道游击队》的渊源。

《铁道游击队》是一部脍炙人口的文学作品,而它的问世,元化先生功不可没。《铁道游击队》的作者刘知侠是工人出身的作家,1941年夏天,在山东滨海根据地召开了山东战斗英模大会,铁道游击队的那些传奇式的英雄和那些惊心动魄的战斗给刘知侠留下了深刻的印象,他决心以此写一本书。以后经过多年的实地采访,他获取了大量第一手资料。新中国成立后,他在山东文联请了一年的长假,集中精力赶写《铁道游击队》。

然而作品完成交给上海新文艺出版社,却引起了两种不同的看法。有人说,这不是文艺作品,只是堆积了一些战争素材。但是,另一种观点却说,这是一部好作品,应该立即出版。

作为出版社的总编辑,元化先生对充满时代气息的《铁道游击队》,青眼有加,促成了作品的出版。

在元化先生看来,这部作品思想性与艺术性俱佳,作者以满腔热忱

---

* 原载《百年潮》2011年第4期。

和质朴的表现方法，讴歌了铁道游击队，他们战斗在敌人据点林立、重兵据守的铁路线上，破铁路、撞火车、搞机枪、夺物资，在火车上打歼灭战，闹得天翻地覆，震撼敌伪……那一个个惊心动魄的战斗故事，让人读得津津有味，爱不释手……

正因为刘知侠对铁道游击队太了解和太熟悉了，所以在表现他们的斗争事迹方面，就有面临着一个艺术上的选择和取舍的问题。有着敏锐艺术感觉的元化先生放下手头的工作，多次与作者刘知侠同志交流，循循善诱，探讨作品的修改。在谈到写作的表现能力问题时，他打比方说，写作要讲究技巧，木工还有粗细活之分，把人物写活了，作品也就成功了。

元化先生还给《铁道游击队》落实了责任编辑，请刘金同志（后曾任中共上海市委宣传部文艺处长、《文学报》总编辑）担任。后来通过加工处理，过于烦琐的重复的人物和战斗情节，有的被删去，有的被合并，当然有的也有所加强。

就这样，《铁道游击队》于 1954 年元月出版了，立刻在读者中引起强烈的反响，新书上柜不久便售罄，当年即再版。

《铁道游击队》使刘知侠一举成名，奠定了他在当代中国文坛的地位。作品后被译成多国文字版，并被改编成电影、电视剧等。为此，刘知侠对作品的“护产师”元化先生一直存有敬意，他曾深有感慨地说过，一部好作品要过两关，第一关是责任编辑，碰到一位好编辑，有思想、懂作品，才能得以发表。否则一部好作品就会被扼杀在襁褓中，一位有才华的作家会就此消沉，永无天日，再也没有信心去写东西了。第二关是读者关，读者是作家的衣食父母，读者有自己对作品的见解，出版社再吹，评论家再捧，读者就是不买账，那么你的书就要在柜台里落满灰尘。

元化先生说，知侠这位老同志有意思，只要有机会出差到上海，总要来看自己，顺便带了许多当地的土特产，推也推不掉……

王元化结怨罗家伦之谜*

我从事传记文学的研究与写作多年，著有《顾准传》《杨绛传》《乔冠华全传》《潘序伦传》《王元化和他的朋友们》《周扬传》等。在此过程中，与元化先生时有过从，讨论一些问题。有一次，我把新作《乔冠华全传》呈送给他过目。隔了几天，我们见面时，他对拙作没有做总体评价，而对我书中提及罗家伦时的一些用语，多有诘难，同时他对乔冠华夫人章含之也语带揶揄。

面对元化先生的大动肝火，我有点懵了，不知所云，当时没作辩解，辩解了也没用（我素知元化先生有时是相当固执的），但事后总不能释然。其实，我在《乔冠华全传》对罗家伦的着墨不多："乔冠华1929年进清华读书，到1933年毕业，前后经历了几任校长，如罗家伦、叶企孙、吴南轩、翁文灏、梅贻琦。其中，罗家伦是在清华改制的关键时刻出任校长的。他开清华学术化的滥觞，只可惜，罗校长任职两年，即被驱走。平心而论，罗家伦曾参加过'五四'爱国运动，治校有方，他还有点小名气。"我写的就是上引的寥寥几句。

最近，我在翻阅元化先生《清园文存》，在第一卷中读到元化先生早期创作的一篇时评，题为《礼义廉》，文章不长，照录如下：

曾任大学学校长的罗某，"五四"时代之健将也。"革命已经成功"，但"同志仍须努力"，遂混迹官场步步高升。二次大战前，罗某吹捧希特勒，将《我的奋斗》一书，列为青年必读书之一。抗战后罗某又摇身一变，成为"爱国分子"。唯江山易改，本性难移。人多讥其丑，遂戏赠打油诗一首：

一生做帮闲，
两手只要钱，

* 原载2011年2月18日《文汇读书周报》。

三擅吹拍骗，

四讲礼义廉。

全诗尤以末句为佳，含意微妙，读后自可会心一笑。

元化先生的这篇文章，发表于1946年6月17日上海《联合晚报》的副刊《夕拾》上。文中的“罗某”，显然是指罗家伦，说他“讲礼义廉”，则是反语，是嘲讽他“无耻”。罗家伦其时为监察使，兼西北考察团长，从事陕西、甘肃、宁夏、新疆五省国防建设的考察与设计。早先，罗家伦在清华大学留下两个“第一”，他是清华成为“大学”后的第一任校长，也是第一个被学生赶出校园的校长。清华大学有关校史研究专家认为，罗家伦对清华教育和学术独立，对教授学术地位的提高，颇有贡献。

元化先生是在当年3月，被聘任《联合晚报》副刊主编的，他每天在副刊上写一篇短文，作为一个专栏，内容无外乎谈文化、谈社会、谈时事，其特点则是必须通俗，谈的问题也不可太专门，太严肃。这些短评都是他每天去报馆编报，坐在一间所有编辑部人员挤在一起声音嘈杂的大统间中，匆匆忙忙急就而成的。写好就拿去发排，看了清样就上架印刷，傍晚出报。虽说如此，元化先生以《礼义廉》为题写作，也并非心血来潮，信手拈来，而是经过一番深思熟虑的。在他内心深处，对罗家伦是颇有成见的。这种带有感情色彩的不满，根深蒂固。对此，我们还可以联想到元化先生父亲王芳荃老先生的个人经历。

1927年，国民党派罗家伦接管了清华大学。罗家伦入主清华后，请来了一大批有名的教授，同时，也在清华园实行党化教育。在清华大学任教授的王芳荃先生与罗家伦发生牴牾，愤而辞职，去东北大学任教，元化全家遂搬出清华园。父亲的这一经历，给幼小的元化刺激很大，对罗家伦则留下难以销蚀的负面的印象，以至于在元化先生的晚年，还是对罗家伦耿耿于怀，评价仍然不高。

后记

——我与王元化

我结识王元化先生很迟，但也有好多年了。每每想起元化先生生前的音容笑貌，总不能自已。

1938年初，17岁的王元化加入中国共产党

我因为顾准研究工作的因缘，通过知名学者、顾准的胞弟陈敏之先生的介绍，认识了顾准同志的许多老战友、老同事、老部下，如骆耕漠、徐雪寒、李慎之、雍文涛、林里夫、周静、陈易、顾行言、李云、吴敬琏、赵人伟、陈瑞铭、张纯音、张卓元、董辅礽、李文杰、李鸿寿等先生，元化先生也在其中。在与这些老同志的接触过程中，我了解到了许多顾准生前身后的感人往事。

在上海"孤岛"时期，元化先生在中共地下"文委"工作，当时的"文委"书记是孙冶方，顾准是副书记，他曾说过这样的话："我是吸取地下党'文委'的奶汁长大的。"

我在进行顾准研究时，曾经多次向元化先生请教。与他相处，听他一番话，真是如沐春风，受益匪浅。我的关于顾准的系列作品，如《顾准传》《顾准画传》《顾准的最后25年》《顾准：民主与"终极目的"》等，送给元化先生过目，都谬承元化先生夸奖，这是他对我的鼓励。

直到今天，我还清楚地记得，当元化先生拿到拙编《顾准：民主与"终极目的"》一书时，脸上露出欣喜的神色，眼睛闪着光亮。他对我说，你编的顾准这本书很好。当时拙编收入中国青年出版社出版的

“野百合花丛书”当中①,在此之前,元化先生已经看过为同一丛书中的胡风等人的著作。元化先生认为,《顾准:民主与“终极目的”》通过顾准小传、顾准文论、顾准日记三个部分概括了顾准这个当代著名知识分子追求真理、尊重事实却充满坎坷与磨难的一生,他超前的忧患意识、高尚的品质和道德情操,以及最具冲破教条主义、反对个人迷信的内心力量,集中代表了中国优秀知识分子的精华。所以这本书虽然篇幅不长,却对普及顾准思想很有裨益。

元化先生还十分关心拙作《顾准评传》和拙编《顾准再思录》的出版,亲笔题写了书名。他还不顾年迈体弱,援笔书赠了一款条幅,内容是:“顾准对于从 1917 年到 1967 年半个世纪的历史,包括理论的得失、革命的挫折、新问题的出现,都作了思索,显示了疾虚妄、求真知的独立精神。”王元化先生的题词,用力遒劲,内容深邃,堪称瑰宝。这无疑既是对顾准精神的崇高评价,也是对自己工作的莫大支持。

在我的印象当中,元化先生特别推崇“独立之思想、自由之精神”的原则,他的博大精深的学问,让人敬重,令人心折。

就我记忆所及,元化先生通常总能就某个话题,发表独特的见解,他是个“通人”,读书多、勤思考、交际广、信息灵……所有这些,促使先生成为能于我们这个时代的高处瞻望未来的思想家。每次到他家里,我总会看到先生不是在与人谈话,就是伏案读书。即使在晚年视力非常不好的情况下,元化先生还是手不释卷,在阅读陈寅恪的书,《吴宓日记》的续编一经出版,马上就出现在先生的书房……

每次,坐在元化先生身旁,听他纵论天下、臧否人物、探究学问,那是一种何等惬意之事!他神采飞扬、舌粲莲花、妙语连珠,无不令人叹服。有时先生也关心我的学习与工作,并且善意地提醒我做学问的诀窍和学会观察社会、如何待人处世等。有的时候他还留我一起用餐,现在回想起来,感到特别温馨。

有一次,元化先生问起我最近在忙什么,我说我所在的学院要我

① “野百合花丛书”,全六册,由中国青年出版社 1999 年出版,书目是:《王实味:野百合花》(黄昌勇编);《胡风:死人复活的时候》(梅志、晓风编);《王造时:我的当场答复》(叶永烈编);《顾准:民主与“终极目的”》(罗银胜编);《储安平:一条河流般的忧郁》(谢泳编);《罗隆基:我的被捕的经过与反感》(谢泳编)。

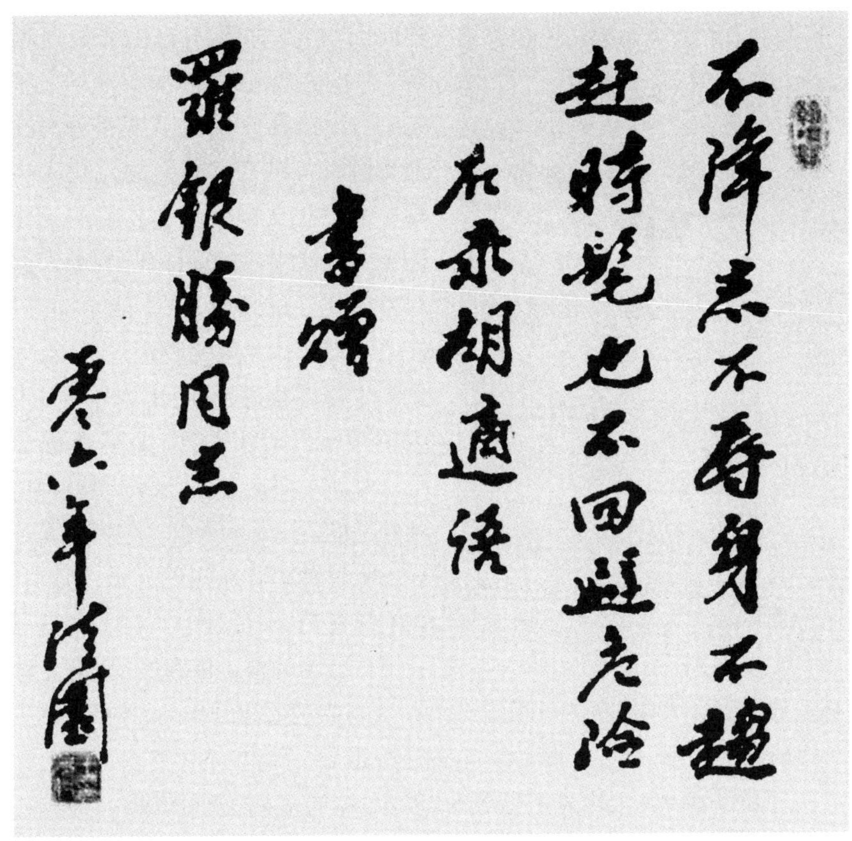

王元化先生赠作者书法作品手迹

为学校创始人、中国现代会计之父潘序伦作传。我向他提了一个现在想来是很傻的问题:“你是否了解潘序伦?”以元化先生的经历和学识,他怎么会不了解潘序伦呢?谈话当中,我就开口请他为拙著题写书名,元化先生让我先在字条上写好备用。隔了没几天,我就收到了当时帮他打理的助手蓝云阿姨寄来的元化先生手书的“潘序伦传”。我把这题字看作是元化先生作为老一辈学人,对年轻学者支持与厚爱的象征。正如黄宗英女士所说:“这本书是上海人民出版社出版的,书名是王元化题写的。元化是不轻易题签的。”①

2006 年 10 月 19 日,是伟大的思想家鲁迅逝世 70 周年的纪念日。

① 黄宗英:《〈潘序伦传〉读后》,2008 年 11 月 13 日《南方周末》。

由王元化先生题签书名的《潘序伦传》（罗银胜著，上海人民出版社2006年5月版）

在此前后，各种媒体的相关报道很多。《书屋》杂志的资深编辑刘文华先生特地给我打电话，让我得便时在上海请对鲁迅素有研究的元化先生写一篇纪念文章。在以往我与元化先生的交谈中，每每可以听到老人家对鲁迅先生的评价，虽不能至，心向往之。在无拘无束的聊天过程中，元化先生告诉我说，1937年7月7日卢沟桥事变。8月8日，日军开进北平。驻城军要撤走了，北平一片混乱，到处是准备逃难的人群。他家也要走了。听说日军要抓知识分子，书籍和钢笔只得扔下，可是他实在不舍得那一幅自己画的鲁迅像和两册《海上述林》，就瞒着家人塞入箱中。元化先生一直喜欢读鲁迅的作品，并撰写不少鲁迅研究的文章，产生了很大影响，他还曾想写一部《鲁迅评传》……

年龄不饶人，元化先生已经80多岁，体弱多病，读写俱难。我与元化先生商量的结果，由我将先生过去所写有关鲁迅诸篇，摘其精要，汇编在一起，以便读者阅读。这篇《王元化谈鲁迅》，经过先生审定，刊登在《书屋》2006年第九期上。能在先生的耳提面命下做这项工作，是非常愉悦的，我觉得很有收益。

前几年，我在研读了元化先生的著作之后，撰写了《反思·理性·进步——王元化先生的反思理论与实践》一文。先生起先很谦虚，不愿我写，后来在我的要求下，对拙文做了润饰修改，发表在《书屋》杂志2006年第六期上。文章中开明宗义地说："在我心目中，王元化先生不啻中国读书人的良心，是中国知识界继续走'五四'道路、追求民主与进步的一面旗帜。"我认为，元化先生对当下的中国社会进程而言，已经成为一位显示了"反思"力量的标志性文化人物，或是一种富有感召力的精神存在。

我在文中着重介绍了元化先生反思的重点——对"五四"的再认

王元化先生在工作

识。他认为,"五四"精神体现于个性解放精神、人道精神、独立精神、自由精神,而"独立之思想、自由之精神"正是"五四"文化精神的核心所在。他指出,"'五四'并非是过去人们所想象的美丽乌托邦,它同时也为20世纪中国的思想界留下了负面的遗产"。姑且不论元化先生的反思是否最接近历史的真实,但我们至少从中看到了他探求真理的执着追求。这种反思是需要极大勇气的。我在文章的结尾说:"反思,是成熟了的人的思想特征,当然也是成熟了的社会的思想特征。"元化先生"就是当代中国文化界的一个坐标"。若以此作为参照,也许可以衡量出当下文化界某些人藏在骨子里的"小"来。

曾经有一段时间,在时任上海教育出版社资深编辑刘景琳先生的建议下,为元化先生做回忆录,由他口述,我来整理。我认为兹事体大,当从长计议。在景琳的安排下,元化先生为我们作了数次访谈。可惜的是,后来由于元化先生的太太张可女士溘然长逝,对先生的精神打击很大,他的身体每况愈下,口述的事情便停顿了下来。这是我抱憾终身的。

现在回想起来,每每在求教中,元化先生渊博的学识和清晰的思维令我难忘。我惊叹元化先生的超凡记忆而问其缘故,元化先生说,他的记忆力这么好可能得益于母亲,她没受过什么教育,但对一些元曲却能一字不错地背诵。他小时候经常听母亲给他讲述历史故事,所以即使在先生晚年,他对经历的人和事仍然记忆犹新……

元化先生是我国当代著名思想家,一生著述宏富。二十多年来,元化先生的著作只要一出版,我便马上购读,加上元化先生的馈赠,我所收藏的几十本书,都承元化先生题签。元化先生对书法也很有研究,他曾书写条幅赠我,条幅写得笔法温厚、文质彬彬、形美义真:“不降志,不辱身,不趋赶时髦,也不回避危险。右录胡适语　书赠罗银胜同志。”洵为墨宝。

元化先生,你没有倒下!你将永远成为照耀我披荆斩棘、勇往直前的不倒的灯塔!

2016年1月22日于上海圣矽书屋